Wolfgang Halm · Carolina Ortiz Blasco

kontakte spanisch

Übungsbuch

Max Hueber Verlag

Verlagsredaktion: Elisabeth Stiefenhofer, Ismaning
Layout: Erentraut Waldau, Ismaning
Umschlaggestaltung: Atelier Stark und Klingshirn, München
Illustrationen: Claudia Martelli, Mailand

CIP-Kurztitelaufnahme der Deutschen Bibliothek

> Halm, Wolfgang:
> Kontakte Spanisch neu: e. Grundkurs für Erwachsene /
> Wolfgang Halm; Carolina Ortiz Blasco. – München
> [i. e. Ismaning]: Hueber
> NE: Ortiz Blasco, Carolina:
> Übungsbuch. – 1. Aufl. – 1987.
> ISBN 3-19-024060-4

Das Werk und seine Teile sind urheberrechtlich geschützt.
Jede Verwertung in anderen als den gesetzlich zugelassenen Fällen
bedarf deshalb der vorherigen schriftlichen Einwilligung des Verlags.

| 3. 2. | Die letzten Ziffern |
| 1992 91 90 89 | bezeichnen Zahl und Jahr des Druckes. |

Alle Drucke dieser Auflage können, da unverändert,
nebeneinander benutzt werden.
2. Auflage 1988
© 1987 Max Hueber Verlag, D-8045 Ismaning
Gesamtherstellung: Allgäuer Zeitungsverlag, Kempten
Printed in the Federal Republic of Germany
ISBN 3-19-024060-4

Inhalt

Einleitung	4	Lección 14	116
Lección 1	8	Lección 15	125
Lección 2	13	Lección 16	132
Lección 3	18	Lección 17	143
Lección 4	24	Lección 18	153
Lección 5	35	Lección 19	161
Lección 6	45	Lección 20	172
Lección 7	53	Lección 21	181
Lección 8	64	Lección 22	189
Lección 9	75	Lección 23	196
Lección 10	88	Lección 24	202
Lección 11	96	Lección 25	210
Lección 12	103	Lección 26	218
Lección 13	109	Textos	229

Einleitung

Machen Sie sich zuerst einmal klar, welche Teile *Kontakte Spanisch* enthält, wo sie zu finden sind und wie sie zueinander gehören:

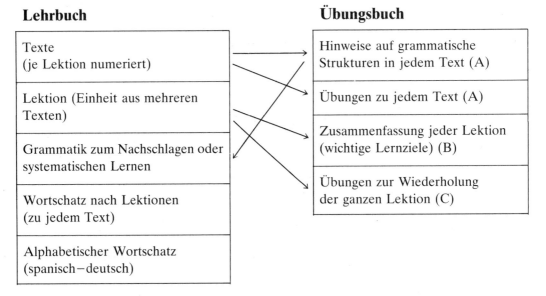

Das Übungsbuch zu *Kontakte Spanisch* enthält zu den einzelnen Lektionen folgende Teile: A Übungen zu den einzelnen Texten · B Zusammenfassung · C Übungen zur Wiederholung

A Übungen zu den einzelnen Texten

Nach dem Titel des betreffenden Textes finden Sie zunächst Hinweise auf grammatische Strukturen, die in dem Text zum erstenmal eingeführt oder erweiternd behandelt werden. Die Hinweiszahlen sagen Ihnen, wo Sie die betreffende Form oder Satzkonstruktion in der Grammatik (im Anhang des Lehrbuchs) finden.

Anschließend finden Sie Übungen, die Sie gleich nach der Arbeit mit dem Lehrbuchtext machen können. Die Übungen sind nach Arbeitsform und Ziel unterschiedlich angelegt:
– Ihr Kursleiter wird Ihnen jeweils die Arbeitsform (in der großen Gruppe, in kleinen Gruppen oder paarweise) vorschla-

gen. Sicher wird er sie Ihnen auch erklären, wenn Ihnen z. B. am Anfang die Vorteile des paarweisen Arbeitens nicht ganz klar sind.
- Viele Übungen dienen zur Festigung des wichtigsten neu gelernten Wortschatzes.
- Andere geben Ihnen die Möglichkeit, systematisch die neuen Verbformen, Satzkonstruktionen usw. zu üben. Dabei sollten Sie am Ende jeder Übung kurz noch einmal überlegen, was die Übung eigentlich wollte, und prüfen, ob sie Ihnen zu besserer Klarheit verholfen hat. Im Zweifelsfall fragen Sie den Kursleiter.
- Andere Übungen fordern Sie dazu heraus, Ihre eigenen Gedanken, Meinungen, Wünsche, Ideen usw. zu äußern. Das kann manchmal schwierig werden, wenn Ihnen dazu noch wichtige Wörter fehlen. Sie werden aber bald sehen, daß Sie eigentlich immer etwas dazu sagen können. Ihr Kursleiter wird Ihnen dabei auch helfen.

B Zusammenfassung

Hier finden Sie ganz kurz zusammengefaßt die wichtigsten Ausdrücke, die Ihnen in der ganzen Lektion begegnet sind. (Wir denken dabei weniger an Grammatik, sondern meist eher an die Frage: *Wie kann ich ausdrücken, daß ich ...? Was sage ich, wenn ...?*)

C Übungen zur Wiederholung

Diese Übungen machen Sie am besten nach Abschluß der gesamten Lektion. Sie fassen noch einmal das Wichtigste zusammen und wiederholen auch Lernstoff aus früheren Lektionen. Jeweils eine der Übungen (ab Lektion 5) beschreibt – auf deutsch – Gesprächssituationen, in denen Sie versuchen sollen, sich passend auszudrücken. Dabei sollen Sie keine Übersetzung liefern, sondern sich wieder die Frage stellen: *Wie kann ich ausdrücken, daß ...?, Was sage ich, wenn ...? usw.* (Vgl. B, Zusammenfassung.)

Die Lösungen zu den Übungen in Teil A und Teil C können Sie gesondert kaufen, wenn Sie öfter Ihre Arbeit zu Hause selbst kontrollieren wollen: „Kontakte Spanisch – Schlüssel" (Hueber Nr. 3.4060)

Lernen Sie richtig?

Nicht jeder Mensch lernt gleich. Finden Sie selbst heraus, wie Sie am besten lernen. Wir zeigen Ihnen hier ein paar verschiedene Möglichkeiten. Probieren Sie sie aus und wechseln Sie immer wieder etwas ab, damit Ihr Lernen nicht zu schematisch und einseitig wird. Zunächst ein paar allgemeine Tips:
- Unterscheiden Sie zwischen Wichtigem

und weniger Wichtigem. Wichtig sind z. B. sichere Sätze oder Ausdrücke, mit denen Sie – in den verschiedensten Situationen – nach etwas fragen, um etwas bitten, etwas vorschlagen können usw.
- Wenn es irgendwie geht, sollten Sie sich für eine *erste Wiederholung möglichst bald* nach jeder Unterrichtsstunde etwas Zeit nehmen und ebenso *möglichst kurz vor der nächsten Stunde* noch einmal wiederholen – und wenn es nur zehn Minuten sind.
- Das Zeichen ⊙ im Lehrbuch bedeutet, daß Sie von den betreffenden Wortschatzerweiterungen nur das auswählen sollten, was Sie wirklich persönlich anwenden können. Damit sparen Sie Zeit und lernen nichts Unnötiges. (In den Texten, die nicht mit ⊙ markiert sind, dürfte kaum ein Wort ganz überflüssig sein.)
- Hören Sie, wenn möglich, beim Lernen eine beruhigende, entspannende Musik. Das macht das Lernen nicht nur angenehm, sondern oft auch wirkungsvoller.

Und nun einige Lernmodelle, die Sie ausprobieren sollten. Die Vorschläge 1–5 gelten, wenn Sie im Unterricht waren. Vorschlag 6 ist wichtig, wenn Sie eine Stunde versäumt haben.

Modell 1
- Versuchen Sie sich ohne Buch an wichtige Dinge aus der Unterrichtsstunde zu erinnern. Machen Sie knappe Notizen: Wörter, Sätze, Grammatikbeispiele, die Ihnen wieder einfallen. Vergleichen Sie anschließend mit dem Buch. Konnten Sie sich an das Wichtigste richtig erinnern? (Mit dieser wichtigen Konzentrationsübung können Sie auch alle anderen Modelle einleiten.)

Modell 2
- Lesen Sie laut den neuen Text. Prüfen Sie, ob Sie sich an alles erinnern und alles verstehen.
- Verdecken Sie zwischendurch den Text und sprechen Sie weiter – aus der Erinnerung.
- Eventuell gehen Sie das zweisprachige Vokabular im Lehrbuch durch.

Das folgende gilt auch für alle weiteren Modelle:
- Wenn Sie sich mit den grammatischen Strukturen des Textes nicht ganz sicher fühlen, schauen Sie in die Grammatik im Lehrbuch. Entsprechende Hinweise finden Sie im Übungsbuch nach der jeweiligen Textüberschrift.
- Lesen Sie im Übungsbuch in Abschnitt B etwas über die wichtigsten Lernziele der Lektion. (Wenn Sie gerade erst eine Lektion angefangen haben, entfällt dieser Schritt.)
- Machen Sie die Übungen zum Text in Abschnitt A des Übungsbuchs und vergleichen Sie mit den Lösungen („Kontakte Spanisch – Schlüssel", Hueber Nr. 3.4060). Besondere Schwierigkeiten besprechen Sie in der nächsten Kursstunde.
- Beziehen Sie in Ihre Arbeit immer auch Übungen früherer Lektionen ein. Das ist wichtig als Wiederholung, ebenso wichtig aber auch deshalb, weil Sie daran sehen können, wie Sie jede Woche Fortschritte machen.

Modell 3
- Hören Sie die neuen Texte ein paarmal von der Cassette. Sie können im Buch mitlesen, auch halblaut mitsprechen.
- Eventuell gehen Sie das zweisprachige Vokabular im Lehrbuch durch. Für die ersten sieben Lehrbuchlektionen stehen zwei Wortschatzcassetten zur Verfügung, die Ihnen beim Vokabellernen gute Dienste leisten werden (Hueber-Nr. 12.4060).
- Weiter wie in Modell 2.

Modell 4
- Hören Sie die neuen Texte von der Cassette ohne mitzulesen. Beim zweiten oder dritten Mal sprechen Sie halblaut mit.
- Halten Sie ab und zu die Cassette an und sprechen Sie den nächsten Satz aus der Erinnerung.
- Weiter wie in Modell 2.

Modell 5
- Schreiben Sie einzelne Dialoge aus dem Lehrbuch und verändern Sie sie so, daß eine der Rollen wirklich die Ihre ist: sagen Sie z.B. dabei, wie *Ihr* Freund heißt, was *Sie* gern tun, usw.
- Weiter wie in Modell 2 oder 3.

Modell 6
- Wenn Sie eine Stunde versäumt haben, fragen Sie andere Teilnehmer oder den Kursleiter, was gelernt wurde.
- Hören Sie den Text ein paarmal von der Cassette und lesen Sie mit. Sie werden etwas, aber nicht alles verstehen.
- Arbeiten Sie das zweisprachige Vokabular im Lehrbuch durch und kommen Sie zurück zum Text. Jetzt müßten Sie ihn (fast) ganz verstehen.
- Sehen Sie im Übungsbuch nach, welche Grammatik in dem Text enthalten ist. Wenn nötig, suchen Sie die betreffende Stelle in der Grammatik (im Lehrbuch). Sie finden sie leicht durch die Hinweiszahl.

Wortschatzarbeit
- Es gibt viele Möglichkeiten, Vokabeln zu lernen. Eine der wirksamsten ist es zweifellos, die zu lernenden Wörter oder Wortverbindungen so oft wie möglich zu hören. Wir haben deshalb für die ersten sieben Lektionen (das entspricht etwa dem Stoff eines Lernjahres) den Wortschatz auf Cassetten zusammengestellt. Sie hören die wichtigsten Wörter jeder Lektion zuerst auf spanisch, dann folgt die deutsche Übersetzung, und anschließend wird der spanische Begriff wiederholt. Auf diese Weise können Sie ohne Buch sogar neben der Hausarbeit oder beim Autofahren Wörter lernen.
- Schreiben Sie Wörter, Ausdrücke, Verbformen usw. auf kleine Zettel oder Kärtchen (eine Seite spanisch, die andere deutsch). Damit können Sie oft ein paar Minuten wiederholen, ohne das Buch bei sich zu haben. Was Sie mehrfach ohne Mühe wußten, legen Sie beiseite und konzentrieren sich damit zunehmend auf diejenigen Kärtchen bzw. Wörter, die Ihnen noch Schwierigkeiten machen.

Sie können unsere Vorschläge für sich verändern, ergänzen und kombinieren. Finden Sie heraus, was für Sie nutzbringend und zeitsparend ist, und sprechen Sie auch mit anderen über Ihre Erfahrungen.

Viel Vergnügen, viel Erfolg!

Lección 1

Nach dem Titel jedes Textes finden Sie Hinweise auf die grammatischen Strukturen, die darin vorkommen. Die Ziffern beziehen sich auf die Grammatik im Lehrbuch.

Natürlich brauchen Sie nicht alles in der Grammatik nachzuschlagen, aber von Fall zu Fall wird Ihnen diese Möglichkeit helfen, wenn Ihnen noch etwas unklar geblieben ist.

A Übungen zu den einzelnen Texten

1–3 ¿Cómo se llama Vd.? etc.

> yo; usted; tú → 25.1
> me llamo; (usted) se llama; te llamas → 24.5
> ese, esa → 27

1. Sistematizar

Fragen Sie bitte zurück:

– Yo **me llamo** González.
– ¿Cómo se llama usted?

– Me llamo Carmen.
– ¿Cómo ... llamas?

– Ese señor se llama García.
– ¿————————?

– Esa señora se llama Pérez.
– ¿————————?

– Esa señorita se llama Carmen.
– ¿————————?

– Yo me llamo José.

– ¿————————?
– Ese señor se llama Felipe Bravo.
– ¿————————?

(Spielen Sie in der Gruppe weiter).

2. Sistematizar

Aus der Antwort können Sie sehen, wie die Frage hieß:

¿**Cómo te llamas?**
– Me llamo Pedro.

¿————————?
– Se llama Pedro.

¿————————?
– Se llama Carmen.

¿————————?
– Manuel, ¿y tú?

¿————————?
– Carmen Pérez, ¿y usted?

¿————————?
– ¿Yo? Carmen.

¿————————?
– ¿Ese señor? Se llama Juan Carreras.

3. Usar frases útiles

¿Cómo se llama ese señor? Fragen und antworten Sie gegenseitig.

4–5 Buenas tardes, etc.

> buenos días/buenas tardes → 21.1
> ¿cómo está? / ¿cómo estás? → 3.4
> (Formen von estar);
> 16.4 (Anwendung von estar)
> bien, muy bien → 22.2

1. *Expresarse*

Begrüßen Sie sich gegenseitig und erkundigen Sie sich, wie es dem andern geht.

2. *Expresarse*

Fragen Sie sich noch einmal gegenseitig nach dem Namen bzw. nach dem Namen einer dritten Person.

6 ¿Vamos a aprender español?

> vamos a aprender – wir wollen lernen → 17.1
> para hablar – um zu sprechen → 31.8
> los (españoles), las (cartas) → 19.1
> nuestro amigo español,
>   nuestros amigos españoles → 20.2
> a España (wohin?) → 31.2
> en España (wo?) → 31.1
> al hotel (a + el = al) – ins Hotel, zum Hotel → 19.3
> Betonung und Akzent → 36

1. Usar frases útiles

¿Vamos a aprender español?
Sí, vamos a aprender español.

¿Vamos a hablar español?
¿Vamos a hablar con los españoles?
¿Vamos a hablar con los latinoamericanos?
¿Vamos a leer cartas?
¿Vamos a leer las cartas de nuestros amigos?
¿Vamos a comprar cosas en España?
¿Vamos a aprender juntos, en grupo?

2. Usar frases útiles

¿Para qué vamos a aprender español?
Para hablar,
para _____,
para _____,
para _____.

3. Sistematizar

Sprechen Sie diese Wörter noch einmal laut und ordnen Sie sie in drei Gruppen:

a. mit Betonung auf der **letzten Silbe**
b. mit Betonung auf der **vorletzten Silbe**
c. mit Betonung auf der **drittletzten Silbe**

4. Usar frases útiles

Erinnern Sie sich, wie das auf spanisch heißt:

Spanisch lernen – mit den Spaniern sprechen – Radio hören – fernsehen („das Fernsehen sehen") – Briefe lesen – die Briefe lesen – Briefe schreiben – nach Spanien fahren – nach México fahren – ins Hotel gehen – ins Restaurant gehen – Sachen kaufen – zusammen lernen – in der Gruppe lernen.

5. Sistematizar

Die Mehrzahl – el plural

el español	*los españoles*
el hotel	_____
el amigo	_____
el restaurante	_____
la carta	_____
la amiga	_____
la cosa	_____
la española	_____

6. Usar frases útiles

Wozu lernen diese Leute Spanisch?

Lección 1

B Zusammenfassung

Konzentrieren Sie sich auf die wichtigsten Dinge, die Sie gelernt haben:

Sich vorstellen und andere nach dem Namen fragen.	Me llamo ... ¿Cómo se llama Vd.?
Andere ansprechen und um etwas bitten.	Por favor, ...
Den Zweck erfragen oder angeben.	¿Para qué? Para hablar, para ...
Zu verschiedenen Tageszeiten grüßen.	Buenos días. Buenas tardes. (Buenas noches.)
Nach dem Befinden des anderen fragen.	¿Cómo estás? ¿Cómo está Vd.? Bien, gracias.

C Übungen zur Wiederholung

1.

leer – hablar – ver – ir – comprar – aprender

Vamos a _____ español. ¿Para qué?
Para _____ con nuestros amigos latinoamericanos. Para _____ las cartas de nuestros amigos. Para _____ la televisión. Para _____ a España o a México. Para _____ cosas en España o en Colombia.

2.

Begrüßungen:

– Buenos _____, ¿cómo _____ Vd.?
– Muy bien, _____, ¿y Vd.?

– Hola, Carmen, ¿cómo _____?
– Bien, gracias, y _____, Miguel, ¿_____ tal?

3.

Wie heißen Sie?

– Por _____, ¿cómo se _____ Vd.?
– _____ Isabel Duarte.

4.

Welche Wörter stecken drin?

NUBEAS   DATRES   NOCEMARIA
ACIRGAS   RAHLBA
DEPARNER   HELTO
TENUSTERARA
SIVELTEINO   BIRSECIR   GOMIA

Lección 2

A Übungen zu den einzelnen Texten

1−3 Números de teléfono, etc.

> ¿qué número? → 28.3
> tengo, tienes, tiene → 3.15
> (No,) no tengo teléfono → 33.1
> el señor A, la señora A,
>   la señorita A → 19.5

1. ⌐Preguntar/responder⌐

Fragen Sie sich gegenseitig (und setzen Sie Namen aus der Gruppe ein):

¿Tiene Vd. radio?
¿Tiene el señor A. radio?
¿Tiene Vd. televisión?
¿Tiene la señora B. televisión?
¿Tienes tú amigos españoles?
¿Tiene la señorita C. amigos españoles?
¿Tienes tú cosas de España?
¿Tiene el señor D. cosas de España?
¿Tienes tú el número de teléfono del señor G.?

2. ⌐Expresarse⌐

Fragen Sie sich gegenseitig nach Ihren Telefonnummern und notieren Sie sie zur Kontrolle: ¿Qué número de teléfono tiene Vd./tienes?

4 Muchas gracias

1. ⌐Expresarse⌐

Fragen Sie sich gegenseitig nach den Telefonnummern anderer Kursteilnehmer und notieren Sie sie zur Kontrolle: ¿Qué número de teléfono tiene el señor A.? Bedanken Sie sich.

5 ¿Cómo se escribe?

> llamarse → 24.5
> se escribe → 24.6
> el alfabeto → 34
> Schrift und Aussprache → 35

1. ⌐Expresarse⌐

Tauschen Sie mit mindestens 3 Partnern in der Gruppe Vor- und Zunamen aus und buchstabieren/notieren Sie genau.

¿Cómo se escribe?

2. Sistematizar

Antworten Sie einem Fremden:

¿Se habla español en la clase?
¿Se habla de España en esta (dieser) ciudad?
¿Se fuma en la clase?
¿Se aprende español en la clase?
¿Se lee en español en la clase?
¿Se escribe en español en la clase?
¿Se ve la televisión española en esta ciudad?
¿Se compra vino español en esta ciudad?
(¿Dónde? – Wo?)

3. Expresarse

Fragen Sie sich gegenseitig:

¿Qué número de teléfono tiene …?
¿Cómo se escribe …? ▼

6 ¿Quiere Vd. apuntar …?

quiero, quieres, quiere → 3.11
de + el = del → 19.3

1. Sistematizar

Fragen Sie sich gegenseitig:

¿Quiere Vd. apuntar el número del hotel?
– Sí, quiero …/No, no quiero …

aprender español   comprar cosas en España
ir al restaurante
entender español
ir a España
ir al hotel en España
leer cartas en español
hablar español
escribir cartas en español
ir a México

Ramón González Guillén
Abogado
Tel. 21 97 94
Turia, 108, Valencia

José Fernández de la Hoz
Ingeniero de Caminos, Canales y Puertos
Tel. 2 25 35 47
Puerta de Hierro, 2, Madrid

María Antonia Aguilera
Profesora de Piano
Tel. 14 0 84
Flor de Lis, 6, Bilbao
(Clases particulares a domicilio)

Soledad Pérez de Lama
Modista
Tel. 25 08 43
Calle del Carmen, 38, Sevilla

7 Hotel Europa ***

un hotel moderno, internacional
→ 21.1, 21.2
-aje, -ón, -grama → 20.1

1. Preguntar/responder

Wieder fragt Sie ein Fremder.
Antworten Sie mit ja oder nein:

– **Sí, tiene/tengo ...**
– **No, no tiene/no tengo ...**

¿Tiene esta ciudad un hotel moderno?
  ¿Cómo se llama ese hotel?
¿Tiene ese hotel una, dos, tres, cuatro o cinco estrellas (*****)?
¿Tiene buenas habitaciones?
¿Tiene habitaciones con baño?
¿Tiene el hotel un restaurante bueno?
  ¿Cómo se llama el restaurante del hotel?

🚗	garaje
🔥	calefacción
🏊	piscina
◐	aire acondicionado
📻	radio
📺	televisión
☎	teléfono en la habitación

2. Comunicarse

Fragen Sie sich gegenseitig:

¿Tiene Vd. garaje?
¿Tiene Vd. teléfono?
¿Qué número de teléfono tiene Vd.?
¿Tiene Vd. televisión?
¿Tiene Vd. el número de teléfono de la señora X.?
¿Tienes una buena habitación?
¿Tienes baño o ducha?
¿Tienes buenos amigos?
¿Tienes amigos españoles o latinoamericanos?
¿Tienes el número de teléfono del señor X.?

3. Preguntar/responder

Hoteles

Machen Sie sich mit den Zeichen des offiziellen spanischen Hotelführers vertraut und fragen Sie sich dann gegenseitig, was jedes Hotel zu bieten hat, z. B.
– El Hotel Europa, ¿tiene garaje? ▼

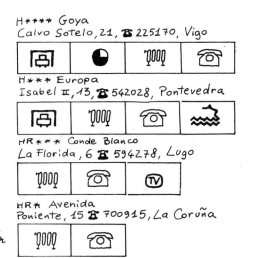

4. Preguntar/responder

Erfragen Sie von Ihrem Partner, was diese Personen haben:
¿Tiene Carmen un billete para ir a París?

	Antonio	Carmen	Juan	María
coche	X			X
(tocadiscos)	X	X	X	
cassettes	XXXXX	XXXX	X	XXX
(dormitorio)	X	X		X
guitarra		X	XX	
billete para ir a París		X		X

Lección 2

B Zusammenfassung

Konzentrieren Sie sich auf die wichtigsten Dinge, die Sie gelernt haben.

Zahlen, Nummern, Telefonnummern angeben oder erfragen.
Danken und auf Dank reagieren.
Verneinen.

¿Qué número tiene Vd.? ¿Qué número tienes? Tengo el ...
– (Muchas) gracias. – De nada.
No, no tengo teléfono.

Die Schreibung des k-Lauts (→ 35)
ca-, co-, cu-:   carta, cosa, cuatro
que-, qui-:   ¿qué?, Quito (Hauptstadt von Ecuador)

C Übungen zur Wiederholung

1.

¿Tiene Vd. el número de teléfono?

Hotel Europa: 2–2–7–8–9–0–1
El hotel Europa tiene el ...
Carmen: 3–5–4–6–2–0
Miguel: 9–0–8–1–7–6
Sr. Carranza: 5–4–3–7–0–9

¿Tiene Vd. el prefijo (Vorwahl)?

Madrid: 9–1
Barcelona: 9–3
Sevilla: 9–5–4
Tarragona: 9–7–7
Santander: 9–4–2

2.

Sprechen und schreiben Sie in Worten:

50 pesetas – 30 pesetas – 10 pesetas – 40 pesetas – 20 pesetas.

3.

a. – Me llamo Pedro Marinero.
   ¿Y cómo _____?
   – Carlos Casas.
b. – ¿_____ Vd. teléfono?
   – Sí, claro.
c. – ¿_____ número tiene Vd.?
   – Tengo _____ 235487.
d. – Muchas gracias.
   – _____.

4.

a. – ¿Habla Vd. francés?
   – No, no hablo francés.
b. – ¿Habla Vd. italiano?
   – No, no _____.
c. – ¿Se llama Vd. Alberto?
   – No, no _____.
d. – ¿Tiene Vd. teléfono?
   – No, no _____.

Lección 3

A Übungen zu den einzelnen Texten

1 ¿Qué va a hacer Vd. ...?

> ¿qué? → 28.1
> ir a hacer: voy a hacer → 9.3b, 17.1
> sé, sabes, sabe → 3.12
> todavía no → 33

1. Sistematizar

Erweitern Sie die folgenden Fragen mit **¿Sabe Vd. ...?**

– ¿Qué va a hacer (Carmen)?
¿Sabe Vd. qué va a hacer Carmen?

¿Qué va a escribir (Carmen)?
¿Qué va a comprar?
¿Qué va a leer?
¿Qué va a hacer?
¿Qué va a hacer en las vacaciones?

¿Qué va a escribir Vd.?
¿Qué va a comprar Vd.?
¿Qué va a hacer Vd.?
¿Qué va a hacer Vd. en las vacaciones?

Stellen Sie sich jetzt gegenseitig diese Fragen und antworten Sie, daß Sie es nicht wissen, z. B. No sé qué va a escribir./No sé qué voy a escribir.

2 Y Vds., ¿qué van a hacer?

> hablamos, aprendemos, escribimos
>   → 4.1, 4.2, 4.3
> ¿adónde? → 28.1
> yo, tú, Vd., Vds., nosotros → 25.1
> ir: voy, vas, va, vamos, vais, van
>   → 3.7

1. Usar frases útiles

Antworten Sie einem Fortgeschrittenen, der schon viel kann, daß Sie *noch nicht* so viel können:

Ya hablamos bien el español.
Entendemos ya la radio y la televisión.
Escribimos ya cartas en español.
Oímos ya la radio española.

2. Preguntar/responder

Antworten Sie: Sí, .../No, no ...

¿Van a ir Vds. de vacaciones (in Ferien)?
¿Aprenden Vds. español?
¿Quieren Vds. aprender español juntos?
¿Hablan Vds. español en clase?
¿Tienen un profesor español/una profesora española?

¿Leen en español en clase?
¿Quieren ir en las vacaciones a un hotel bueno o a una pensión?

3. Usar frases útiles

schon – ya
noch nicht – todavía no

¿Tiene Vd. ya vacaciones?
¿Tiene Vd. ya planes para las vacaciones?
¿Ya sabe Vd. adónde va a ir?
¿Habla Vd. ya un poco el español?
¿Tiene Vd. ya amigos latinoamericanos?

3 ¿Qué vas a hacer …?

¿por qué? → 28.1
nosotros, nosotras, vosotros, vosotras → 25.1
ser: es divertido → 16.2

1. Sistematizar

Fragen Sie
– Ihren Freund Juan, wohin er fährt:
 Y tú, ¿——————?
– Ihre Freunde Juan und Carmen, was sie tun werden: Y vosotros,
 ¿——————?
– Ihre Freundinnen Carmen und Luisa, ob sie nach Sevilla fahren werden:
 Y vosotras, ¿——————?

Geben Sie darauf Antworten:
Yo ——————.
Nosotros ——————.
Nosotras ——————.

2. Preguntar/responder

Fragen Sie sich gegenseitig (und antworten Sie).

¿Qué va a hacer Vd. en las vacaciones?
¿Adónde va a ir?
¿Qué va a hacer Vd. con sus amigos españoles?
¿Qué idioma (Sprache) va a hablar Vd. con la gente en España?

3. Usar frases útiles

Wie viele Sätze fallen Ihnen nach diesem Muster ein?

Es una buena idea …
Es divertido …

Es una buena idea aprender español.
Es divertido aprender español.

4. Sistematizar

Stellen Sie sich bei diesen Fragen/Antworten konkrete Personen vor (männlich/weiblich).
– ¿Esa carta es **para nosotras**?
– Sí, es **para vosotras**.

¿Esa carta es para nosotros?
¿Esa habitación es para nosotras?
¿Vas con nosotros?
¿Tienes una carta para nosotras?
¿Vas a comprar cosas con nosotros?
¿Sabes una pensión para nosotras?
¿Vas a ir a España con nosotros?

4 ¿Cómo vamos?

> hay → 16.5
> es + adjetivo: es barato → 16.2
> varios/varias → 21.1
> en autobús → 19.8
> me gustaría mucho; me gustaría más
>   → 22.4.b

1. Preguntar/responder

Fragen Sie sich gegenseitig (und antworten Sie).

¿Cómo va Vd. generalmente de vacaciones?
¿Qué es más barato para Vd.: ir en tren o en coche?
¿Qué es más cómodo para Vd.: ir en autobús o en tranvía?
¿Qué es más interesante para Vd.: ir a comprar cosas o leer un libro (Buch)?
¿Qué es más interesante para Vd., la televisión o la radio?
¿Qué es más divertido para Vd.: ir en autostop de vacaciones o ir en Rolls Royce (con chófer, naturalmente)?
¿Qué es más barato para Vd., ir en grupo en coche o ir solo?
¿Qué es más interesante para Vd., ir a América en barco o ir en avión?
¿Qué es más divertido para Vd., ir en bicicleta o ir en tren?
¿Qué es más rápido, ir en avión o ir en autostop?
¿Y qué es más cómodo? ¿Y qué es más barato? ¿Y qué es más caro?

2. Usar frases útiles

Machen Sie Vorschläge/Gegenvorschläge (und sagen Sie, warum).

¿Vamos en ...? ¿Vamos a ...?
Me gustaría más ir en/a ...

3. Sistematizar

Antworten Sie mit varios/varias (und sagen Sie etwas mehr dazu).

¿Hay **una posibilidad**?
Hay **varias posibilidades**.

¿Hay una posibilidad de ir a Sevilla?
¿Tiene Vd. un amigo español?
¿Tiene Vd. una amiga latinoamericana?
¿Hay un hotel moderno en nuestra ciudad?
¿Hay un restaurante español en nuestra ciudad?
¿Tiene Vd. un amigo o una amiga que aprende español?
¿Hay una señora alemana en nuestro curso?
¿Hay una pensión barata en nuestra ciudad?

4. Usar frases útiles

Wohin fahren diese Personen? Womit fahren sie?

B Zusammenfassung

Wichtige Dinge, die Sie gelernt haben:

Ausdrücken, daß man etwas (nicht, noch nicht) weiß.	(Todavía no) sé.
Sagen, was man gern/lieber täte.	Me gustaría ... Me gustaría más ...
Fragen, wie man etwas schreibt.	¿Cómo se escribe?
Buchstabieren/notieren.	(Alfabeto).

Wiederholen Sie auch die wichtigsten Fragen/Fragewörter:

¿Qué?	Was (werden Sie tun)?
¿Quién?	Wer (sind Sie)?
¿Cómo?	Wie (heißen Sie)? Wie (geht es dir)?
¿Por qué?	Warum (fahren wir nicht zusammen)?
¿Para qué?	Wozu, wofür (lernen Sie Spanisch)?

C Übungen zur Wiederholung

1.

Preguntas – Fragen

¿cómo? – ¿quién? – ¿qué? ¿por qué? – ¿para qué?

– Bien. Vamos a España.
  Yo voy a organizar las cosas.
 a. ¿——————— vamos? ¿En autobús o en tren?
 b. ¿——————— compra los billetes del tren? ¿Usted? Muy bien.
 c. ¿——————— vamos a hacer en España?
    ¿——————— ——————— no vamos a Córdoba?
 d. – ¿——————— ——————— quiere Vd. ir a Córdoba?
    – Para ver la mezquita (die Moschee).
 e. – ¿La mezquita? ¿——————— se escribe?
    – Mezquita: eme, ———————.

2.

saber

 a. – Yo no ——————— todavía adónde voy a ir.
    Y tú, ¿ya ——————— adónde vas a ir?
 b. – ¿Sabe Vd. quién es ese señor?
    – No ——————— cómo se llama, pero ——————— que es mexicano.

c. – ¿_____ vosotros el número de teléfono del hotel?
 – No, no lo _____. (lo = el número).

d. – ¿Vds. _____ cómo va a ir Carmen a España?
 – No, pero _____ que no va a ir en coche.

3.
ir

a. – ¿Tú _____ a ir en tren?
 – No, _____ en coche.

b. – ¿Vosotros _____ a ir en avión?
 – No, el avión es caro. _____ en tren.

c. – ¿_____ a ir Vd. a España?
 – No, _____ a ir a Francia.

d. – ¿_____ a ir Vds. a Barcelona?
 – Sí, y _____ también a París.

4.
pero – también – todavía no ya – por eso

Yo voy a ir a Barcelona. Nuestros amigos van _____ a Barcelona, _____ no van en coche, como nosotros. Van a ir en tren o en avión, _____ _____ saben exactamente cómo van a ir. En España quieren hablar con la gente, _____ _____ aprenden español. _____ hablan muy bien.

5.
Zu welchen Sätzen (links) passen die Antworten (rechts)?

| a. Pepe no va a ir de vacaciones. |
| b. Queremos aprender español. |
| c. El señor Pérez va en autobús. |
| d. ¿Qué va a hacer Vd.? |
| e. Nosotros vamos juntos, en grupo. |
| f. ¿Por qué no va Vd. a España? |
| g. ¿Cómo se escribe? |
| h. ¿Quién es esa señorita? |

| 1 Pues, no sé. |
| 2 Me gustaría ir, pero … |
| 3 ¿No está bien? |
| 4 ¿No tiene coche? |
| 5 Con zeta. |
| 6 ¿Adónde? ¿A España? |
| 7 Todavía no sé. |
| 8 Es una buena idea. |

Lección 4

A Übungen zu den einzelnen Texten

1–2 ¿Qué tal?, etc.

> estar: estoy, estás, está, estamos,
>   estáis, están → 3.4, 16.4
> ¿qué le pasa?, ¿qué te pasa? → 24.3
> querer: quiero, quieres, quiere,
>   queremos, queréis, quieren → 3.11
> está cansado/cansada → 21.1
> ¿tienes una (aspirina)?, ¿la tienes?
>   → 24.2
> nunca; no ... nunca → 33.2

1. Comprender

¿Cómo está una de las personas del diálogo?
    ¿Qué le pasa?
¿Quiere tomar una aspirina?
¿Le da una aspirina la otra (andere)
    persona?

¿Cómo está ese señor?

2. Preguntar/responder

Wenn Fragen dieser Art vorgeschlagen werden, fragen Sie sich am besten immer gegenseitig.

¿Está Vd. a veces cansado?
¿Está nervioso?
¿Vd. también/tampoco está un poco
    nerviosa?
Yo no estoy siempre muy bien, ¿y Vd.?
Vd. siempre está muy bien, ¿no?
Vd. nunca está enfermo, ¿no?
Vd. no está nunca enferma, ¿no?
Yo tomo a veces una aspirina o dos, ¿y Vd.?
Vd. no toma nunca una aspirina, ¿no?
¿Qué le pasa? ¿Tiene Vd. fiebre?

3. Sistematizar

Erweitern Sie die Frage:

¿Me telefonea Vd.?
¿Quiere Vd. telefonearme?

¿Me apunta Vd. su número de teléfono?
¿Me habla en español, por favor?
¿Me lee la carta, por favor?
¿Me hace Vd. un café, por favor?
¿Me compra el billete del tren, por favor?
¿Me da el número de teléfono de Carmen?
¿Me da la carta, por favor?
¿Me apunta Vd. la dirección del hotel, por
    favor?

3 Creo que sí

1. Preguntar/responder

Creo que sí. / Creo que no.

¿Aprende Vd. bien el español?
¿Vd. va a entender ya un poco la radio española?
¿Es divertido aprender juntos?
Ese señor, ¿se llama X.?
¿Es bueno el hotel Europa?
¿«Zaragoza» se escribe así *(so)*, con zeta?
¿Se habla español en Brasil?

4 ¿Cuándo va a ir al médico?

tener que + infinitivo → 17.4
hoy mismo → 22.3
está de vacaciones → 16.4

1. Comunicarse

¿Qué hace Vd. cuando está enfermo?
¿Está Vd. a veces enfermo?
¿Va Vd. muchas veces al médico?
¿Tiene Vd. un buen médico? ¿Es un señor o una señora?
¿Cómo se llama su médico?
¿Puede Vd. darme su dirección (seine Adresse)?
¿Y también el número de teléfono?
¿Y Vd. cree que es un buen médico?
¿Cree Vd. que está de vacaciones?
¿Cree Vd. que tengo que pedir hora?

2. Usar frases útiles

gleich heute, unbedingt heute

Sagen Sie ein paar Dinge, die nicht lange warten können:

– Tengo que _____ hoy mismo.
– Me gustaría _____ hoy mismo.

3. Expresarse

¿Cómo están estas personas? ¿Qué les pasa?
▼

Lección 4

7–8 A mí (no) me gusta

> me gusta, te gusta, le gusta → 24.3
> a mí (no) me gusta, a ti te gusta, a Vd.
>   (a él/ella) le gusta → 24.7, 25.2
> me gusta mucho → 22.4
> muy triste → 22.3
> preferir: prefiero, prefieres,
>   prefiere, preferimos, preferís,
>   prefieren → 2.1

1. *Comunicarse*

Antworten Sie einem Bekannten/Freund, der anderswo lebt:

A mí no me gusta el otoño. ¿A Vd. le gusta? ¿Por qué?
¿Es triste en esta ciudad el otoño?
¿A ti te gusta la primavera?
¿Qué prefieres, la primavera o el verano?
A mí me gusta esquiar. ¿Y a ti te gusta la nieve y esquiar?
¿Cuándo esquías?
¿Se puede esquiar cerca de esta ciudad?

2. *Preguntar/responder*

¿Qué le gusta más, el café o el té?
¿Qué prefiere, el vino blanco o el tinto?
¿Qué prefiere, ir a un buen restaurante o ir a un buen concierto?
¿Qué prefiere, ir a comprar cosas o hablar con sus amigos?
¿Qué prefieres, la radio o la televisión?
¿Qué prefieres, leer un buen libro o ir a tomar vino con los amigos?

3. *Usar frases útiles*

Sagen Sie wenigstens 5 Dinge, die Sie *gern haben/tun* und fragen Sie einen andern, ob er sie auch *gern hat/tut*.

Diga Vd. por lo menos 5 cosas que le gustan a Vd., y pregunte a un compañero del grupo si a él *(ihm)* le gustan también.
Pregunte también a una compañera si a ella *(ihr)* le gustan también.

4. *Distinguir*

muy / mucho

el hotel Europa: bueno, caro
El hotel Europa es muy bueno, pero también muy caro.

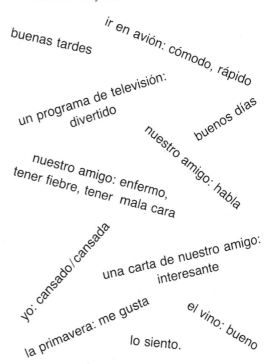

buenas tardes
ir en avión: cómodo, rápido
un programa de televisión: divertido
buenos días
nuestro amigo: enfermo, tener fiebre, tener mala cara
nuestro amigo: habla
yo: cansado/cansada
una carta de nuestro amigo: interesante
la primavera: me gusta
el vino: bueno
lo siento.

5. Sistematizar

6. Comprender

¿Entiende Vd. estos anuncios?

10–11 ¿Dónde vive Vd./vives?

¿dónde? → 28
vivir: vivo, vives, vive, vivimos,
vivís, viven → 1.3

1. Preguntar/responder

Ein Fremder fragt Sie:

¿Dónde vive Vd.?
¿En qué calle vive? ¿En qué número de la calle vive?
¿En qué ciudad vive?
¿Viven Vds./vivís vosotros cerca del centro de la ciudad?
A mí me gustaría vivir en esta ciudad, ¿y a Vd., le gusta?
¿Viven muchos españoles en esta ciudad?
¿Tiene Vd./tienes tú amigos españoles que viven aquí?

2. Sistematizar

¿Qué números de teléfono tienen?

Enrique Alvarez Godoy
Carrera de San Jerónimo, 12
2 27 29 35

José María Jiménez Laforet
Calle de la Montera, 5
2 23 14 68

Mari Carmen Ortiz de Vega
Calle del Doctor Esquerdo, 9
2 03 98 76

Pilar Contreras Aparicio
Calle de Sevilla, 7
2 37 48 59

Víctor García de la Concha
Calle de Salamanca, 15
2 79 48 32

Dámaso García Fraile
Calle de los Estudios, 20
2 13 59 04

3. Sistematizar

vivir en Madrid

escribir cartas en español

preferir el otoño al invierno

oír música

pedir hora al médico

entender la radio

creer que el doctor Carrillo está de vacaciones

Sagen Sie, daß *wir* das tun:
Nosotros *vivimos en Madrid* .

Fragen Sie, ob *Ihre Freunde* das tun:
¿Vosotros *vivís en Madrid* ?

12 Números

1. Sistematizar

a. Ein Teilnehmer nennt einen Betrag (Pesetas), die anderen antworten so schnell wie möglich mit 100 weniger:
– ¿900 (novecientas) pesetas?
– No, 800 (ochocientas).
Wer als erster richtig geantwortet hat, fragt mit einer neuen Zahl.

b. Machen Sie das gleiche Spiel mit 10 mehr:
– ¿950 pesetas?
– No, 960.

2. Preguntar/responder

200 marcos alemanes, ¿son mucho dinero (Geld)?
300 francos suizos, ¿son mucho dinero?
¿Prefiere Vd. tener 500 francos franceses o 100 dólares?
¿Qué es más dinero: 900 pesetas o 200 francos franceses?
¿Prefiere Vd. tener 800 francos suizos o 900 marcos alemanes?
¿Puede Vd. comprar más cosas con 1.000 dólares o con 2.000 marcos alemanes?

3. Expresarse

Fragen Sie sich wieder gegenseitig nach Ihren Telefonnummern. Sie nennen sie aber jetzt nicht mehr in einzelnen Ziffern (3–2–1–6–7–8), sondern paarweise: 32 16 78. Notieren Sie die Nummern und wiederholen Sie sie zur Kontrolle.

4. Sistematizar

Würfeln Sie in kleinen Gruppen (3–4) mit zwei Würfeln. Jeder zählt seine Punkte, z. B. 2 + 3 = 5, dos y tres, cinco.
Einer in der Gruppe notiert. Wer zuerst 100 erreicht, hat gewonnen: ha ganado.

5. Sistematizar

Wieder in kleinen Gruppen: Einer nennt eine Zahl (zwischen 1 und 50), die anderen antworten so schnell wie möglich mit dem Doppelten:
– ¿Diecisiete?
– ¡Treinta y cuatro!
Wer zuerst die richtige Antwort gibt, bekommt einen Punkt.
Wer zuerst 10 Punkte erreicht, hat gewonnen. (Wer dreimal hintereinander als erster die richtige Antwort gibt, macht mal Pause.)

6. Preguntar/responder

🅿	garaje	⌂	piscina climatizada
🔥	calefacción	🍾	bar
🏊	piscina	☎	teléfono en la habitación
👶	piscina infantil	●	aire acondicionado en habitaciones

A Vd. (**A**) tiene un catálogo de los hoteles, pero parece que faltan detalles. Su compañero (**B**) tiene también un catálogo. Pregunte Vd. los detalles que le faltan.

	Núm. de habit.	Habit. doble	
		baño	lavabo
Imperial Tarraco ★★★★, Rambla ...., Teléf. 233040 [🅿] [?] [🏊] [?] [🍾] [?] [●]	170	8.250	
Astari ★★★, Vía Augusta 95, Teléf. ..?.. [?] [🏊] [?] [☎]	83	4.500	
París ★★, Maragall ..?.., Teléf. 236012 [?] [🍾] [?]	45	3.800	
Marina ★, Vía ..?.. 151, Teléf. ..?.. [🍾] [?]	26	3.200	1.700

B Vd. (**B**) tiene un catálogo de los hoteles, pero parece que faltan detalles. Su compañero (**A**) tiene también un catálogo. Pregunte Vd. los detalles que le faltan.

	Núm. de habit.	Habit. doble	
		baño	lavabo
Imperial Tarraco ★★★★ Rambla Vella 2, Teléf. ? [🅿] [🔥] [?] [👶] [?] [☎] [?]	170	8.250	
Astari ★★★, Vía ..?.., Teléf. 236911 [🅿] [?] [🍾] [?]	83	4.500	
París ★★, Maragall 4, Teléf. ..?.. [🔥] [?] [☎]	45	3.800	
Marina ★, Vía Augusta ?., Teléf. 233027 [?] [☎]	26	3.200	1.700

13 Sobre México

1. *Comunicarse*

¿Cuántos *(wie viele)* habitantes tiene Alemania (Suiza, Austria, Francia, etc.)?
¿Viven en Alemania personas de varias razas (Rassen)?
¿A cuántos metros de altura (Höhe) está la ciudad en que vive Vd.?
¿Hay cerca picos altos como el Orizaba?
¿Qué temperatura media hay en invierno y en verano?
¿Le gustaría a Vd. vivir en México, con una temperatura tan buena?
¿Dónde le gustaría vivir a Vd.? ¿Por qué?
¿Qué le gusta o qué no le gusta de Alemania (Suiza, Francia, Austria, etc.)?

B Zusammenfassung

Wichtige Dinge, die Sie gelernt haben:

Sich besorgt erkundigen.
Sagen, daß es einem schlecht geht.
Sagen, daß man etwas annimmt/glaubt.
Zeitangaben machen.
Gefallen oder Mißfallen ausdrücken.
Die eigene Meinung betonen.
Nach Ort und Zeit fragen.

Der Infinitiv (hablar, aprender, vivir) ist die häufigste Form des Verbs.

Pero, ¿qué le pasa?/¿Qué te pasa?
No estoy muy bien. Tengo fiebre.
Creo que ... Creo que sí/creo que no.
En enero, en ..., en verano, en ...
¿Le gusta? – (No, no) me gusta.
A mí me gusta.
¿Dónde? ¿Cuándo?

para
quiero, puedo
me gusta/gustaría ⟩ aprender español
tengo que
voy a

C Übungen zur Wiederholung

1.

a. – ¿Van Vds. _____ Sevilla este año?
b. – Creo _____ sí. Vamos a ir _____ octubre.
c. – Es una _____ idea.

2.

me te le

No estoy muy bien, no sé qué _____ pasa. El señor Pérez tampoco está bien, no sabemos qué _____ pasa. Y tú, ¿qué _____ pasa? Tienes mala cara.

Lección 4

3.

Erzählen Sie das folgende von sich selbst: *Ich will ...*

Nuestro amigo quiere ir a España en las vacaciones. Aprende español. Quiere hablar con la gente. Quizás va a ir en tren, quizás va a ir en autobús.

Erzählen Sie das folgende von sich und Ihrem Freund: *Wir wollen ...*
Quiero ir a París. Aprendo francés. Voy a hablar con la gente. Quiero ir con un grupo de amigos. Quizás voy a ir en tren, quizás voy a ir en auto-stop.

Stellen Sie jetzt zwei guten Freunden diese Fragen: *¿Queréis ir a París? ...*

4. *estar*

a. – ¿Cómo _____ Vd., señorita?
b. – Gracias, _____ muy bien. Y Vds., señores, ¿cómo _____?
c. – Ah, nosotros no _____ muy bien. No sé qué pasa, pero _____ un poco cansados.
d. – Y tú, Miguelito, ¿cómo _____?
 – ¿Yo? Yo _____ muy bien. Y vosotros, ¿cómo _____?
 – _____ estupendamente bien.

5.

Welche Antwort paßt zu welchem Satz?

a. A mí me gusta este coche.	1 No, no me gusta.
b. ¿Le gusta ir en barco?	2 A mí tampoco.
c. A mí no me gusta ir en avión.	3 A mí también.
d. A mí me gusta ir en coche.	4 ¿Por qué no?
e. A mí no me gusta el Jerez.	5 Sí, me gusta mucho.
f. ¿Le gusta el otoño?	6 A mí, no.
g. No me gusta tener dolor de cabeza.	7 A mí, sí.
h. ¿Te gusta el invierno?	8 Sí, ¿por qué no?

Lección 5

A Übungen zu den einzelnen Texten

1 ¿Ha estado Vd. en el museo?

> hablar: hablado → 14.1, 14.3
> haber: he, has, ha, hemos, habéis,
>   han + Participio → 5.1, 5.3
> conocer: conozco, conoces, conoce,
>   conocemos, conocéis, conocen → 2.4
> lo conozco/la conozco → 24.2

1. Comunicarse

¿Le gustan los museos?
¿Qué museos conoce? ¿Cuántos museos conoce?
¿Conoce Vd. el museo del Prado o sabe algo de él?
¿Conoce algo de la pintura (Malerei) española?
¿Quién le gusta más: Picasso o Velázquez?
¿Qué pintura le gusta más: la alemana, la italiana, la española ...?
¿Conoce Madrid?
¿Cuántas veces ha estado en Madrid (en Italia, en Austria, en Francia ...)?

2. Sistematizar

Fragen/erzählen Sie sich gegenseitig, was Sie heute gemacht haben.
Pregúntense unos a otros qué cosas han hecho hoy.

2 ¿Conoce Vd. Acapulco?

> no ... ni ... → 33.3
> tan bonito → 21.5
> lo conozco/la conozco → 24.2
> un turista rico → 21.3

1. Preguntar/responder

¿Qué le interesa más: ir a la playa o ir a esquiar?
¿Va Vd. en verano a la playa?
¿Es una playa bonita?
¿Hay muchos turistas en esa playa?
¿Es una playa para turistas ricos, con hoteles de 5 estrellas?
¿Es una playa cara o barata?

2. Sistematizar

(No) lo/la conozco.

Fragen Sie einander, ob Sie bestimmte Dinge in Ihrer Stadt oder anderswo kennen, z. B. el museo ... – la pensión ... – el hotel

3–4 ¿Dónde está?, etc.

¿dónde?, ¿adónde? → 28.1
estar en el sur → 16.4

1. Preguntar/responder

¿Qué ciudad bonita está cerca de aquí (hier in der Nähe)?
¿Está Granada en el norte de España?
¿Está Valencia en el este de España?
¿Está San Sebastián en el sur de España?
¿Tiene Alemania (Austria, Francia, Suiza, ...) costa? ¿Tiene montañas?

2. A Sistematizar

Arbeiten Sie zu zweit: **A** mit der hier abgebildeten Landkarte, **B** mit der auf Seite 38/39. Die Landkarten enthalten nicht alle Angaben. Fragen Sie sich abwechselnd. **A** fragt, wo folgende Städte liegen:

Cádiz – Granada – Málaga – Oviedo – Palma de Mallorca – Santa Cruz de Tenerife – Burgos – Salamanca – Valladolid – Albacete – Guadalajara – Tarragona – Cáceres – Pontevedra – Vigo – Pamplona – Bilbao – Castellón de la Plana

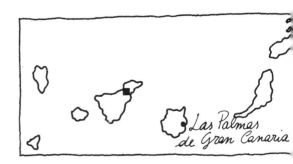

36   Lección 5

2. B Sistematizar

Sie arbeiten zu zweit: Sie können mit der hier abgebildeten Landkarte die Fragen Ihres Partners beantworten. Fragen Sie sich abwechselnd. Sie wollen herausfinden, wo folgende Städte liegen:

Córdoba – Almería – Sevilla – Zaragoza – Las Palmas de Gran Canaria – Santander – Avila – León – Segovia – Cuenca – Toledo – Gerona – Badajoz – La Coruña – Santiago de Compostela – San Sebastián – Alicante

5 ¿Qué es?

ser + sustantivo → 16.1

1. Preguntar/responder

¿Qué es España, es un país del Mediterráneo o del Atlántico?
¿Qué es Madrid: es una ciudad del centro o de la costa?
¿Qué es Lanzarote: es una isla o una montaña?
¿Qué es esta ciudad: una ciudad del centro o de la costa (o del sur o del norte)?

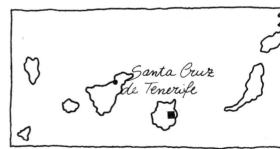

Lección 5

6 ¿Cómo es?, etc.

> ser + adjetivo → 16.2
> ¿cuántos? → 28.1

1. Comunicarse

La ciudad donde vive Vd., ¿cómo es? ¿Qué es? (Apuntar varias cosas).
¿Y cómo es París? (Hamburgo, Heidelberg, Zurich, Venecia, Viena, etc.)
¿Cómo es la ciudad ideal para Vd.?
¿Cómo es el pueblo donde ha estado Vd. en verano?
¿Cómo es para Vd. el viaje en tren? (en avión, en autobús, en moto)

2. Sistematizar

Fragen Sie jeweils, wie viele ...

– Hay cartas para Vd.
– **¿Cuántas** cartas hay?

Hay varios buenos hoteles.
Hay buenos restaurantes.
Hay varias señoritas que se llaman Carmen.
Hay habitaciones individuales con baño.
Tengo varias amigas en Madrid.
Hay varios aviones de Barcelona a Mallorca.

3. Distinguir

¿Cómo son?
¿Dónde están?

María
Sevilla

Mojácar

Juan

Barcelona

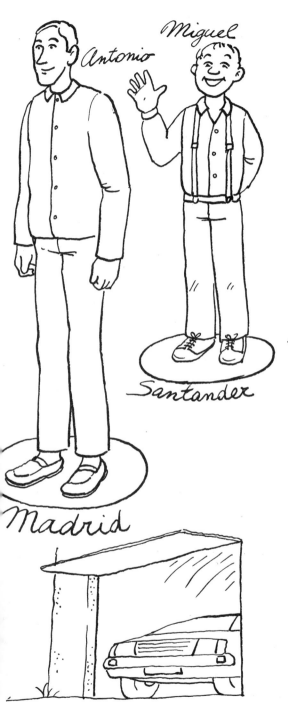

8 Vd. necesita un coche

> demasiado caro → 22.3
> más coches que → 21.6

1. Usar frases útiles

¿Le gusta más una cosa que otra? ¿Qué le gusta más?

café/té
playa/montaña
España/Alemania
otoño/invierno
primavera/verano
ir en coche/ir en moto
vino tinto/vino blanco
hablar español/hablar italiano
estar de vacaciones/trabajar

9 Abajo los problemas

> el problema, los problemas → 20.1
> todos los aeropuertos → 30.1
> Imperativo: vivir, viva, vivan → 12.1

1. Comprender

Mire Vd. el anuncio:

¿Hay viajes fuera de Europa?

¿Adónde va el viaje más caro? ¿Cuánto cuesta (kostet)?

¿Qué viaje es el más barato? ¿Cuánto cuesta?

Lección 5

Vd. está en Madrid y busca un viaje para 2 personas. Vd. tiene 140.000 pesetas. ¿Adónde puede ir?
Un circuito al Cabo Norte, para dos personas, ¿cuánto cuesta?
¿Qué viajes le interesarían más a Vd.?

2. Expresarse

Vd. **(A)** quiere saber cuánto cuesta un viaje a:
Corfu—Míconos—Rodas (islas griegas)
Tierra Santa (Israel)
Marruecos
Yugoslavia
Pregunte a su compañero.

Vd. **(B)** quiere saber cuánto cuesta un viaje a:
Austria (Tirol y Viena)
París y Londres
Hungría—Austria—Baviera
Suiza y Selva Negra
Pregunte a su compañero.

11 Valencia

1. Comprender

Salto de caballo

ES	CIU	LEN	CHA	NA	LAS	POR
VA	MU	U	DAD	IM	SON	FIES
NA	CIA	VI	U	FA	TAN	Y
—	—	CON	TE	DA	TA	LLAS

B Zusammenfassung

Wichtige Ausdrücke, die Sie gelernt haben:

Eigenschaften erfragen/angeben.
Wichtige Dinge über Personen/Sachen erfragen/angeben.
Erfragen/angeben, wo sich etw. befindet.
Sagen, wie es jemand geht.
Nach dem Ziel fragen.

¿Cómo es? Es bonito. *(Ser + Adjektiv).*
¿Qué es? Es un pueblo. *(Ser + Subst.).*
¿Dónde está? *(estar en ...)*
¿Cómo estás? Estoy cansado. *(estar)*
¿Adónde? ¿Adónde vamos?

C Übungen zur Wiederholung

1.

– ¿Ha _____ Vd. en España? ¿Sí? ¿Cuántas veces?
– Una _____, en mayo. Me _____ gustado mucho. ¿Conoce Vd. también Latinoamérica? Yo todavía no _____ estado en Latinoamérica.
– Yo _____, pero quiero ir este año.

2.

¿Dónde está...?
Aquí lo/la tengo

la aspirina, el número de teléfono, la dirección del hotel, el billete para el tren, la carta

3.

Nuestra amiga es...
Nuestra amiga está...

en España, enferma, española, muy simpática, cansada, en la Costa Blanca

4.

Sagen Sie/fragen Sie, was die einzelnen Leute *getan haben*.

a. comprar un coche (nosotros)
b. alquilar la casa (¿Vd.?)
c. esuchar la radio (¿Vds.?)
d. estar en Madrid (Pepe)
e. tomar el autobús (¿Vd.?)
f. hablar con José (¿tú?)
g. mirar las fotos (¿vosotros?)

5.

muy / mucho

a. Esta ciudad me gusta _____.
b. La ciudad es _____ bonita.
c. El hotel es _____ moderno.
d. Me gustaría _____ estar tres días en ese hotel.
e. Es una ciudad _____ interesante.
f. La gente es _____ agradable.
g. La ciudad me interesa _____.
h. Pero tengo que marcharme (wegfahren), lo siento _____.

6.

Sie haben nicht ganz verstanden, was *kursiv* gedruckt ist. Fragen Sie zurück.
– Alberto está en *Madrid*.
– ¿Dónde está?

a. Esa chica se llama *Arantza* (baskischer Mädchenname).
b. Necesito dinero (Geld) para *comprar una casa*.

c. Miguel tiene un coche *grande*.
d. El director del hotel es *ese señor*.
e. Voy a España *en avión*.
f. En la ciudad hay *cinco o seis* hoteles.
g. Aprendo español para *escribir cartas*.
h. Tenemos vacaciones en *agosto*.
i. El hotel Europa está *en el centro*.
j. En verano vamos a *Sevilla*.

7.

Was würden Sie in diesen Situationen sagen?

a. Sprechen Sie im Zug einen Herrn an und fragen Sie, wie der hübsche Ort dort auf der anderen Seite des Flusses heißt.
b. Begrüßen Sie (am Vormittag) einen spanischen Bekannten und fragen Sie, wie es ihm geht.
c. Sie haben einem Spanier eine Auskunft gegeben, er sagt: Muchas gracias. Antworten Sie ihm.
d. Begrüßen Sie (nachmittags) einen spanischen Freund, fragen Sie, wie es ihm geht und schlagen Sie vor, zusammen einen Kaffee zu trinken (tomar).

Übungen dieser Art bieten wir Ihnen ab jetzt regelmäßig an. Sie dienen zur Erinnerung an Gelerntes, sollen Sie aber auch anregen, sich selbst einfache Situationen vorzustellen und zu prüfen, ob Sie schon halbwegs zurechtkommen würden. Fragen Sie Ihren Kursleiter nach Ausdrücken, die Ihnen fehlen.

8.

¿Qué palabras podemos formar de las letras de «cuatrocientas»?

```
CUATROCIENTAS
  por ejemplo:
sí
no
casa
....
```

Lección 6

A Übungen zu den einzelnen Texten

1 ¿Quieren Vds. ver las fotos?

> verlas → 24.8
> mire Vd., miren Vds. → 12.1
> este, estos; esta, estas; esto → 27

1. ⌐Sistematizar⌐

Stellen Sie sich vor, daß Sie Fotos zeigen: Este es ... usw.

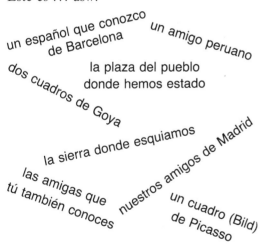

2. ⌐Comunicarse⌐

Zeigen Sie nun eigene Fotos oder Postkarten und sprechen Sie über (einige) Dinge oder Personen: Este es ... usw.

3. ⌐Sistematizar⌐

Fordern Sie Ihren Bekannten auf:

mirar: **¡Mire Vd.!**

2 ¿Quién puede traer fotos?

> poder: puedo, puedes, puede,
>   podemos, podéis, pueden → 3.9
> podemos verla; la voy a traer → 24.8
> traer: traído → 14.1, 14.3
> tampoco; no ... tampoco → 33.2

1. ⌐Sistematizar⌐

— Yo no ..., ¿y Vd.?
— **Yo tampoco ...**

Yo no puedo ir en las vacaciones a México, ¿y Vd.?

Yo no puedo hacer paella para 20 personas, ¿y Vd.?
Yo no puedo entender la radio española, ¿y Vd.?
Yo todavía no puedo leer libros en español, ¿y Vd.?
Yo no puedo comprar un Mercedes, ¿y tú?
Yo no tengo un vídeo, ¿y tú?
Yo no puedo ir en coche a la isla de Tenerife, ¿y tú?

2. Sistematizar

– Yo no hablo chino.
– Yo **no** hablo chino **tampoco.**

Yo no aprendo italiano.
Yo no voy a Colombia.
Yo no compro cosas en España.
Yo no me llamo Carmen.
Yo no voy al hotel Europa.
Yo no tengo el número de teléfono de Carmen.
Yo no sé quién es ese señor.
Yo no puedo ir en avión es muy caro.
Yo no puedo ir esta noche al restaurante mexicano.

3. Sistematizar

Sagen Sie, daß Sie *das gleiche oder das Gegenteil* tun, haben, können usw.

– Yo voy.
– Yo voy **también.** / Yo no voy.
– Yo no puedo ir.
– Yo **tampoco** puedo ir. / Yo sí, yo puedo.

Yo no hablo bien español.
Voy a aprender español.
Tengo una carta de nuestros amigos españoles.

No entiendo todo.
Yo voy a ir a España.
No puedo ir a Madrid.
Yo tengo una buena radio.
Yo no tengo televisión.
Yo tengo buenos amigos en México.
Yo no voy al hotel Europa, es caro.

4. Sistematizar

– ¿Quiere ver las fotos de México?
– Sí, **quiero verlas.**

¿Quiere alquilar el coche?
¿Quiere comprar los libros?
¿Quiere apuntar el número de teléfono?
¿Quiere tomar la aspirina?
¿Puede recomendar ese hotel?
¿Quiere tomar ese autobús?
¿Quiere aprender español?
¿Quiere entender la radio?
¿Quiere leer esta revista?
¿Quiere escribir la carta?

5. Usar frases útiles

a. Fragen Sie sich gegenseitig, ob der andere das *kann*:

nach Spanien fahren
das Fernsehen verstehen
einen Brief auf spanisch lesen
einen Brief auf spanisch schreiben
Spanisch lernen
notieren, wie der Herr dort heißt
mit uns ins spanische Restaurant gehen
ein Auto mieten
Fotos mitbringen
die Fotos anschauen

b. Sagen Sie, daß Sie das alles gern tun würden: *Me gustaría ...*

6. Usar frases útiles

Diga Vd. (sagen Sie) que ha traído o que ha olvidado traer estas cosas:

¿Ha traído la foto de su amigo de Madrid?
¿Habéis traído la cassette con música latinoamericana?
¿Me han traído Vds. el número de teléfono de ese amigo español?
¿Me han traído Vds. ese libro español?
¿Has traído las diapositivas de México?
¿Has traído el vino?
¿Ha traído Vd. el Jerez?
¿Han traído Vds. los discos (Schallplatten) de tangos argentinos?
¿Han traído Vds. la película de las vacaciones?

7. Usar frases útiles

Versprechen Sie den anderen, das nächste Mal ein paar Dinge mitzubringen.

— Les voy a traer ...

8. Sistematizar

Sagen Sie, was Sie mitgebracht haben.

fotos de España
un kilo de naranjas
una botella de vino
una cassette
una carta de nuestro amigo
mi nuevo coche

Die andern sagen, was sie damit machen wollen.
Vamos a ... (essen = comer, trinken = beber)

3 La familia y los amigos

mi, tu, su, nuestro, vuestro, su → 26.1
lo, la, los, las + verbo → 24.1
el hotel que → 29.1
la mejor amiga → 21.9

1. Sistematizar

Mi familia es muy divertida. Yo soy estudiante y vivo en Barcelona. Mi novia es italiana y estudia español. Tengo un hermano, que vive con mis padres. Nuestra madre es rusa, y nuestros padres viven en París ...

Pregunte Vd.:
No sé si **le** he entendido bien.
¿**Su familia** es ...?

Pregunta tú:
No sé si **te** he entendido bien.
¿**Tu familia** es ...?

2. Expresarse

Zeigen Sie sich gegenseitig Fotos von Freunden, von Ihrer Familie oder einfach von bekannten Personen aus Zeitschriften, die Sie als Verwandte ausgeben können. Die anderen antworten:

Ya lo conozco.
Lo he visto varias veces.
Todavía no la conozco.
Todavía no la he visto.

3. Sistematizar

Welche Satzteile gehören zu den Bildern A–G?

1 - Esta es
2 - Este es
3 - Estos son
4 - Estas son
5 - Esto es
6 - Estos son
7 - Esta es

a) ...pues, no sé qué es.
b) los amigos de mi padre
c) las cosas que he comprado
d) el coche de mi padre
e) mi casa
f) una foto di mi familia
g) los hijos de mi hermano

4 Todavía no conozco a tu novia

conocer a una persona → 20.4
me, te, lo/la, nos, os, los/las
(+ conoce, invita, etc.) → 24.1

1. Sistematizar

¿Conoce Vd. al director de esta escuela? ¿Quién es? ¿Cómo es?
¿Conoce Vd. a la familia de la señora que está a su derecha? ¿Cómo es?
¿Conoce Vd. a Felipe González? ¿Quién es? ¿Cómo es?
¿Conoce Vd. a Julio Iglesias? etc.
¿Conoce Vd. a Fidel Castro?
¿Conoce Vd. a la reina Doña Sofía?
¿A quién conoce Vd. en esta ciudad?
¿A quién conoce Vd. en España?

2. Sistematizar

a. – ¿Conoce Vd. _____ mi novia?
 – No, no _____ conozco.
b. – ¿Entiende Vd. _____ los franceses?
 – Sí, _____ entiendo bien.
c. – ¿Va a invitar Vd. _____ Carmen?
 – Sí, _____ invito.
d. – ¿No quiere Vd. traer _____ sus hijos?
 – No _____ puedo traer, no tienen vacaciones.
e. – No olvide Vd. _____ su padre.
 – _____ visito cada semana.

5 ¿No conoces a mi hermana?

nos conocemos; ¿os conocéis? → 24.1
Imperativo de oír: oye (tú) → 3.8

1. Sistematizar

Sie kommen mitten in ein Gespräch und wissen nicht, von wem die Rede ist. Fragen Sie: ¿A quién ...?

La conozco.
Los he invitado.
Las hemos visto allí.
Lo conozco.
La entiendo muy bien.
Las vamos a invitar.
Las voy a traer en mi coche la próxima vez.
Los podemos visitar.

2. Sistematizar

Sie haben nicht gut zugehört. Fragen Sie zurück.

– Nos hemos conocido (kennengelernt) *en París*.
– ¿Dónde os habéis conocido?

Nos hemos conocido en *casa de mis padres*.
Nos ha invitado mi *padre*.
Mi novia nos ha dado dinero.
Nuestra amiga nos ha invitado a su casa.
En París no nos han entendido bien.
Nuestro amigo nos ha invitado *a tomar café*.

Lección 6 49

6 Me gustaría presentarlo a ...

no se conocen Vds. → 24.1

1. *Comunicarse*

Stellen Sie jeweils zwei andere Personen in der Gruppe einander vor, als ob sie sich noch nicht kennen würden. Sagen Sie nicht nur die Namen, sondern erzählen oder erfinden Sie etwas mehr: wo oder wie sie wohnen, woher Sie sie kennen usw.

2. *Sistematizar*

Carmen y Pedro se conocen. Se han conocido en París.
Erzählen Sie mehr von den beiden:

quererse mucho (sich gern haben)
entenderse bien
escribirse cartas
llamarse por teléfono (sich anrufen)
invitarse

8 Los dos trabajan

tengo una hermana → 20.4
estar casado, -a → 16.4
ser ecuatoriano, ser médico → 16.1
yo, tú, él, ella, nosotros, vosotros, ellos, ellas → 25.1

1. *Comunicarse*

¿Tiene Vd. una hermana o varias hermanas?
¿Tiene Vd. hermanos? (Ya sabe Vd. que «hermanos» son «hermanas y hermanos».)
¿Dónde viven?
¿Están casados?
¿Tienen hijos?
¿Cuántos hijos quieren tener?
¿En qué trabajan?
¿Los ve Vd. mucho?
¿Pasan Vds. las Navidades juntos?
¿Pasa Vd. las Navidades con su familia o prefiere pasarlas solo o con unos amigos?
¿Tiene Vd. muchos amigos casados?
¿Qué hace Vd.? ¿Trabaja o estudia?
¿Le gusta a Vd. su trabajo?

B Zusammenfassung

Wichtige Ausdrucksmöglichkeiten, die Sie gelernt haben:

Auf etwas hinweisen.
Etwas anbieten.
Auf etwas aufmerksam machen.
Zustimmung, Anerkennung ausdrücken.

Este/ésta es ... Estos/éstas son ...
¿Quiere verlo (hacerlo, tomarlo)?
Mire Vd., miren Vds. Mira (tú).
¡Qué bien! ¡Qué bonito!

Besitz oder Zugehörigkeit angeben.
Leute vorstellen.
Antworten, wenn man vorgestellt wird.

mi mujer, tu padre, su casa, etc.
¿Conoces a ...? (Este es) el señor A.
formell: Mucho gusto. Encantado, -a.
nicht formell: Hola.

Die Betonung eines persönlichen Standpunkts:

A mí	me	gusta	mi trabajo.
¿A ti	te	gusta	tu trabajo?
A él/a ella/a Vd.	le	gusta	su trabajo.
A nosotros	nos	gusta	nuestro trabajo.
¿A vosotros	os	gusta	vuestro trabajo?
¿A ellos/a ellas/a Vds.	les	gusta	su trabajo?

C Übungen zur Wiederholung

1.

Sie haben das alles vergessen:

– ¿Ha traído Vd. las fotos?
– **¡Ay, las he olvidado!**

¿Ha traído Vd. ...?
su número de teléfono
la dirección del señor Aranda
las cartas de su amigo
las cosas que ha comprado
la cassette
las aspirinas

2.

Sie oder die andere Person haben das alles schon gemacht:

– ¿Quiere Vd. apuntar el número?
– **Ya lo he apuntado.**

a. ¿No quiere Vd. apuntar esas cosas?
b. ¿No quiere su mujer reservar el hotel?
c. ¿No quieren Vds. alquilar el coche?
d. ¿No quiere Vd. escuchar la cassette?
e. ¿No quieren Vds. invitar a Luisa?
f. ¿No quiere Miguel mirar las fotos?
g. ¿Cuándo van a visitar Vds. a su padre?

3.

Fragen Sie Ihren Gesprächspartner, ob er ... will:

Tengo el número de teléfono. (apuntar)
¿Quiere/quieres apuntarlo?

a. Tengo la dirección del hotel. (apuntar)
b. He comprado muchas cosas. (mirar)
c. He comprado un coche. (ver)
d. Tengo fotos de las vacaciones. (ver)
e. Tengo una nueva cassette muy bonita. (escuchar)
f. Conozco a una chica muy simpática. (conocer – kennenlernen)
g. Tengo amigos en Salamanca. (visitar)
h. Este es mi amigo. (presentarlo a Carmen)

4.

Sie zeigen Ihren Freunden verschiedene Dinge, z. B. *Esta es mi casa.*

a. _____ es mi amigo peruano.
b. _____ es nuestro grupo del curso de español.
c. _____ es una foto de mi amigo.
d. _____ es un hotel que me ha recomendado un amigo.
e. _____ son mis padres.
f. _____ son tres amigas chilenas.
g. _____ es el hospital de nuestra ciudad.

5.

Was würden Sie in diesen Situationen sagen?

a. – ¿Dónde está la señora Aranda? Yo no la conozco ...
   – (Sie kennen sie leider auch nicht.)
b. – Tiene que ver Vd. Toledo.
   – ¡Tiene que ver Vd. Avila!
   – (Sie wollen wissen, was interessanter ist, was Sie in Toledo sehen können und was in Avila.)
c. – ¿Quién es ese señor?
   – (Sie wissen es nicht, es tut Ihnen leid.)
d. – ¿Vamos a tomar un café?
   – (Sie würden lieber ein Bier – una cerveza – nehmen.)
e. – No puedo ir con el grupo ...
   – (Sie sind enttäuscht.)
f. – ¿Cómo se escribe el nombre de su amiga?
   – Helga Breitenbach: hache, ...

6.

Zur Übung der Zahlen machen Sie sich ein Quartettspiel:

Auf je 4 Karten sind vier Zahlen angegeben (1–4, 5–8, 9–12, 13–16, 17–20, 21–24, 25–28, 29–32). Jeweils eine Zahl ist markiert. Die anderen müssen erfragt werden.

Ein Teilnehmer, der z. B. die markierte 4 hat, fragt:
– ¿Tiene Vd. el 3?
– Sí, aquí lo tiene.
  No, lo siento. Pero ¿tiene Vd. el ...?

Weiterer Spielverlauf wie bei jedem Quartett.

Lección 7

A Übungen zu den einzelnen Texten

1 ¿Dónde hay una farmacia?

> hay → 16.5
> oír: oiga → 3.8
> decir: diga → 3.3
> por aquí → 31.3
> un buen hotel → 21.4

1. *Preguntar/responder*

En cada ciudad hay farmacias, médicos, bancos, supermercados, hoteles, hospitales, oficinas, fábricas, tiendas, talleres de reparación, estaciones de servicio, plazas, calles, mercados, casas que alquilan coches, tiendas de discos y cassettes, museos, teatros, cafés, bares, restaurantes, teléfonos públicos ... A veces también hay playa, mar, montaña ...

¿Qué hay cerca de su casa?
¿Qué hay cerca de su oficina (o cerca de donde Vd. trabaja)?
¿Qué hay cerca de la estación?
¿Qué hay cerca de la catedral?
¿Y qué hay por aquí?

2 ¿Puede Vd. decirme si ...?

> decirme: dígame → 24.8
> si → 32.3
> a 100 metros → 31.2

1. *Usar frases útiles*

Estamos en la plaza .../en la calle ... de nuestra ciudad.
¿Puede Vd. decirme si hay _____ por aquí?

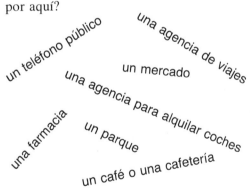

un teléfono público
una agencia de viajes
un mercado
una agencia para alquilar coches
una farmacia
un parque
un café o una cafetería

2. *Usar frases útiles*

¿Qué le gustaría a Vd. preguntar a su amigo (a su padre, a su madre, a su hijo)?

Me gustaría preguntarle si _____ .

3 ¿Dónde está el consulado?

> ¿dónde está el ...? → 16.5

1. *Usar frases útiles*

Wenn Sie nicht die Folien zu „Kontakte Spanisch" haben, machen Sie in kleinen Gruppen einen Plan von einigen Straßen Ihrer Stadt und tragen Sie wichtige Punkte ein. Vereinbaren Sie einen gemeinsamen Standort auf dem Plan und fragen/antworten Sie:

– Perdón, ¿puede Vd. decirme dónde está el/la _____?

2. *Comprender*

¿Dónde están sentados?

El padre está solo en un lado de la mesa.
La madre está a la derecha de la hija.
El padre está entre sus hijos.
El amigo del hijo está enfrente de la madre.
La amiga de la hija está enfrente de una persona masculina.
El amigo del hijo está entre su amigo y una señorita.
La madre no está al lado del padre.
La amiga de la hija está a la izquierda del amigo del hijo.

3. Sistematizar

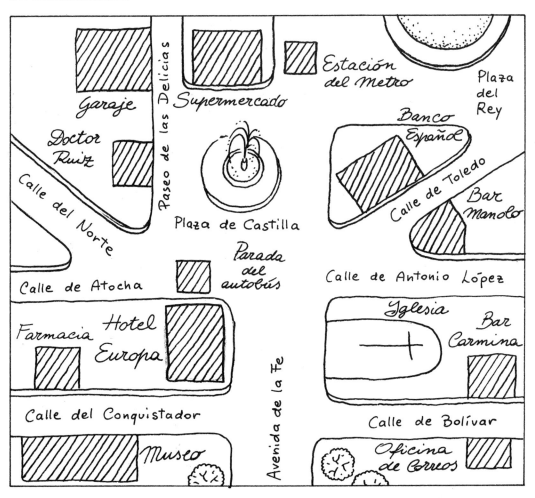

	hay	Está
En la calle de A. López En la plaza de Castilla En ...	un bar.	al lado del supermercado.

4. Usar frases útiles

A: ¿Qué hay en .../entre ... y .../al lado de ... en la calle ...? ¿Dónde está ...? (el Consulado alemán, el Banco de Bilbao, el Dr. Carrillo, el bar tío Pepe, la estación del ferrocarril, etc.) Pregunte Vd.

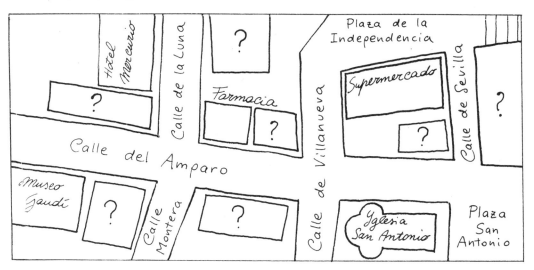

B: ¿Qué hay en .../entre ... y .../al lado de ... en la calle ...? ¿Dónde está ...? (el hotel Mercurio, el Museo Gaudí, la farmacia, el supermercado, la iglesia de San Antonio, etc.) Pregunte Vd.

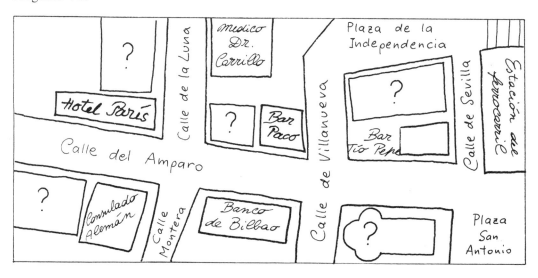

4 Estoy buscando un bar

estar + gerundio → 15.1, 15.3
debe estar por aquí (Vermutung)
  → 17.4
encontrar: encuentro → 2.2
ver: veo, ves, ve, vemos, veis, ven
  → 3.17

1. Usar frases útiles

Nehmen Sie wieder die Folien zu „Kontakte Spanisch" oder den Plan, den Sie selbst gemacht haben (oder einen Stadtplan von Madrid/Barcelona). Vereinbaren Sie einen Standort im Zentrum (Puerta del Sol/Plaza de Cataluña).
A fragt nach etwas, was in der Nähe sein muß (und auf dem Plan angegeben ist). B gibt Auskunft und gibt die ungefähre Entfernung an.

2. Expresarse

Je ein Teilnehmer kommt als „Fremder" in die Gruppe und fragt nach einer Person, die da sein muß. Er nennt den Namen oder gibt eine Beschreibung (rubio, moreno, alto, alemán ...). Die anderen sagen ihm,
– wer es ist
– stellen die Person vor oder
– sagen, daß die Person weggegangen ist und wo sie sein muß oder wo er fragen soll.

5–6 ¿Para ir a la estación?, etc.

tome Vd., toma tú → 12.1
ésta/ésa es la parada → 27.1, 27.2
decir: digo, dices, dice, decimos,
  decís, dicen → 3.3

1. Expresarse

Besorgen Sie sich Unterlagen der Verkehrsbetriebe Ihrer Stadt. Vereinbaren Sie einen Standort. Ein „Fremder" bittet jeweils um eine Auskunft, die anderen helfen ihm weiter.

2. Sistematizar

Sagen Sie einem spanischen Freund (tú), er soll:

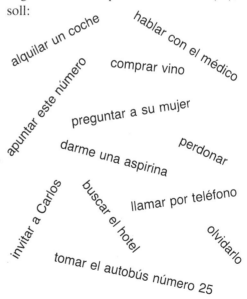

Sagen Sie die gleichen Dinge zu einer anderen Person (Vd.).

Lección 7

7 Está haciendo planes

estar + gerundio → 15.1, 15.3
no ... a nadie → 20.4, 33.2

1. ⌐Sistematizar⌐

¿Qué está haciendo su amigo en estos momentos?

- mirar fotos
- apuntar la dirección
- aprender español
- comprar cosas
- hacer café
- tomar café
- presentar a sus amigos
- hablar con María
- esquiar
- trabajar en casa
- escuchar la radio
- explicar dónde está su hermana
- leer una carta
- ver la televisión
- buscar su libro

Spielen Sie einige dieser Tätigkeiten ohne Worte vor, bis die anderen die Frage beantworten können: ¿Qué está haciendo?

2. ⌐Preguntar/responder⌐

¿Tienes teléfono en casa?
Si no lo tienes en casa, ¿tienes uno cerca de tu casa? ¿A cuántos metros?
En tu familia, ¿quién telefonea más?
¿Qué le gusta más: hablar con sus amigos por teléfono o escribirles?
¿Qué es más bonito? ¿Qué es más cómodo? ¿Qué es más barato?
¿Le parece caro el teléfono en nuestro/su país?
¿Sabe Vd. si es caro en España?
En México, cuando se contesta el teléfono, se dice el número.
¿Qué se dice en España para contestar el teléfono?
¿Qué se dice en Alemania?
¿Qué se dice en Francia?

3. ⌐Sistematizar⌐

¿Qué están haciendo?
Pregunten por más detalles: ¿Quién/a quién/de quién/qué/por qué/para qué/dónde/adónde/de dónde/cómo?
▼

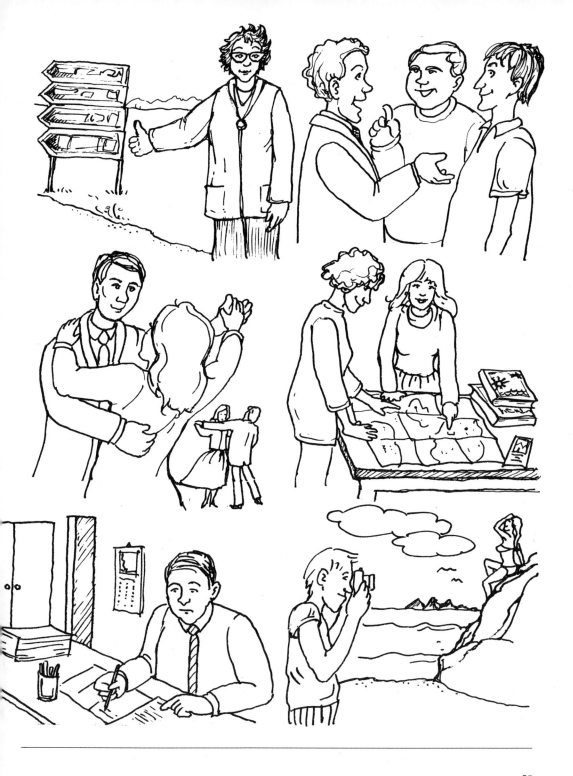

Lección 7

8 Habla Vd. bien

ser extranjero, ser inglés, ser de
  Londres → 16.1
hablar bien, hablar mejor → 22.2

1. Distinguir

ser oder **estar**?

Pregúntense Vds. uno a otro si su hermano/hermana es/está ...

2. Preguntar/responder

¿Le gustan los idiomas?
¿Le gusta aprender idiomas?
¿Qué idiomas habla?
¿Qué idioma habla mejor?
¿Qué idioma le gusta más? ¿Por qué?
¿Qué idioma le parece más fácil (leicht)?
¿Qué idioma le parece más difícil?
¿Qué es difícil? ¿La pronunciación o la gramática?
¿Tiene Vd. muchas posibilidades de hablar ese idioma?
Cuando le hablan en inglés o en francés, ¿entiende Vd. todo?
¿Tiene Vd. una posibilidad de hablar o de oír hablar español, fuera del curso?

9 ¿De dónde eres?

ser: soy, eres, es, somos, sois,
  son → 3.14

1. Preguntar/responder

¿De dónde es Vd.?/¿De dónde eres?
¿Y de dónde sois vosotros/vosotras? ¿Sois de la misma ciudad?
¿De dónde son tus padres? ¿Son de aquí?
¿De dónde es su mujer/marido?
¿De dónde es tu novio/novia?
¿De dónde es su profesor/profesora?
Pregunte Vd. a los otros del grupo de dónde son ellos, sus padres, etc.
¿Hay un extranjero en nuestro grupo?
¿De qué país es Vd.? ¿De dónde es Vd.?
¿Hay muchos extranjeros en nuestra ciudad? ¿De dónde son?

10 ¿Puede Vd. hablar ...?

1. Preguntar/responder

Cuando Vd. no entiende a una persona que habla español, ¿qué le dice?
¿Me entiende bien a mí?
¿Hablo demasiado de prisa?
Generalmente, ¿quién habla más de prisa: un inglés o un español?
¿Un italiano o un alemán?

Los países que están en la lista del libro, ¿dónde están en Europa?
¿En qué país europeo se hablan varios idiomas?
¿Sabe Vd. cuántos idiomas se hablan en España?
¿En qué países de la lista ha estado Vd. ya?
¿En qué países tiene amigos?
¿Qué país le gustaría visitar?
En estos momentos, ¿de qué países se habla más en la televisión y en los periódicos?

2. Expresarse

Verstehen ist wichtig. Wenn Sie nicht verstehen, sollten Sie es sagen! Was sagen Sie,
— wenn jemand zu leise spricht?
— wenn jemand zu schnell gesprochen hat?
— wenn jemand zu kompliziert gesprochen hat?

3. Comprender

Mire el mapa de España, en el libro de textos, página 34/35. ¿De qué ciudades son estas personas?

un madrileño	una malagueña
un barcelonés	un granadino
una barcelonesa	un vallisoletano
una sevillana	un valenciano
un salmantino	un leonés

Y ahora, mire el mapa de Centroamérica, en el libro de textos, página 148. ¿De qué países son estas personas? ¿Dónde está cada país?

un guatemalteco	un panameño
un nicaragüense	un salvadoreño
un hondureño	un costarricense

B Zusammenfassung

Um Auskunft bitten.

Nach dem Vorhandensein von etw. fragen.
Nach der Lage von etwas fragen, von dem man weiß, daß es existiert.
Handlungen erwähnen, die im Gang sind.

Herkunft/Staatsangehörigkeit angeben.
Nach dem Weg fragen.

Das Alter erfragen/angeben.
Verständnisschwierigkeiten zeigen.

¿Sabe Vd. si ...?
¿Puede/podría Vd. decirme dónde ...?

¿Hay una farmacia por aquí?
¿Dónde está la catedral?

Estoy buscando un bar.
Está haciendo planes.
¿De dónde es Vd.? Soy alemán.
¿Para ir a la estación?
¿Cómo voy a la estación?
¿Cuántos años tienes? Tengo 20 años.
¿Quiere repetir?
¿Puede hablar más despacio, por favor?

Unterscheiden Sie **tener que** und **deber** (Gr. 17.4):

tener que	Was ich als Notwendigkeit ansehe.	Tengo que trabajar. Tengo que llamar por teléfono.
deber	Was ich vermute, weil ich es gehört/gelesen habe.	Carmen debe ser simpática. El bar debe estar por aquí.

C Übungen zur Wiederholung

1.
saber, ser, ver

a. Yo _____ extranjero, no _____ español.
b. ¿_____ Vd. si Carmen tiene las fotos?
c. Yo no _____ quién es ese señor, no lo conozco.
d. ¿_____ Vds. mucho la televisión?
e. ¿_____ Vd. español? ¿De dónde _____ Vd.?
f. ¿_____ Vds. si el autobús pasa por aquí?
g. Por favor, ¿_____ ese bar al otro lado? ¿Cómo se llama?
h. Mis amigos _____ peruanos, de Lima.
i. Yo no _____ a nadie por aquí.

2.
Números

a. Madrid está a 700 kilómetros de Barcelona.
b. El punto más alto de los Pirineos es el Pico de Aneto, que tiene 3.404 metros.
c. El Pico de Mulhacén, en la Sierra Nevada, tiene 3.478 metros.
d. El Aconcagua, en los Andes argentinos, tiene 7.014 metros.
e. ¿A cuántos kilómetros de París/Madrid/Roma estamos nosotros, más o menos (ungefähr)?

¿A cuántos kilómetros está...?

Luarca — 135 kms — Oviedo — 30 kms — Gijón — 205 kms

3.

— ¿Qué están haciendo Vds.? (aprender español)
— **Estamos aprendiendo español.**

escribir a mi padre
llamar por teléfono a un amigo
explicar nuestros planes para las vacaciones
ver un programa muy interesante en la televisión

4.

Was könnten Sie in diesen Situationen sagen?

— Sie treffen einen guten Freund. Fragen Sie, wie es ihm geht. Er sieht gar nicht gut aus. Sagen Sie ihm das und fragen Sie, was denn los ist.
— ¿Tienes una aspirina para mí?
— Sie glauben schon. Ja, Sie haben eins. Geben Sie es ihm. (Was sagen Sie?)
Sagen Sie, daß Sie gern mit anderen zusammen wegfahren würden. Sie können im August oder September, würden aber lieber im September fahren.
— Todavía no sé cuándo voy a ir de vacaciones. Ah, el hotel que me has recomendado no me ha gustado ...
— Sagen Sie, daß es *Ihnen* gut gefallen hat.

5.

A mí me gusta

a. A _____ me gusta mi trabajo.
¿A Vd. no _____ gusta el trabajo que tiene?
b. A mi hermana no _____ gusta su trabajo. A _____ le gustaría más trabajar en un hospital.
c. ¿A _____ no te gusta ir en tren? A nosotros _____ gusta más que ir en coche.
d. ¿A _____ os gusta el norte? A mis padres sólo _____ gusta el sur ...

6.

ver-lo, ver-la, ver-los, ver-las

A macht einen Vorschlag, B sagt, daß er das gern tun würde:

— ¿Quiere Vd. ver mi casa?
— Sí, me gustaría mucho verla.

a. comprar el coche
b. ver las fotos
c. alquilar la casa
d. conocer a mis amigos
e. mirar la revista (Zeitschrift)
f. invitar a esas chicas.

Santander — 110 kms — Bilbao — 97 kms — San Sebastián

Lección 7

Lección 8

A Übungen zu den einzelnen Texten

1 ¿Qué hora es?

1. ⌈Comunicarse⌋

¿Qué está haciendo normalmente Vd./su marido/su mujer/su amigo a estas horas?

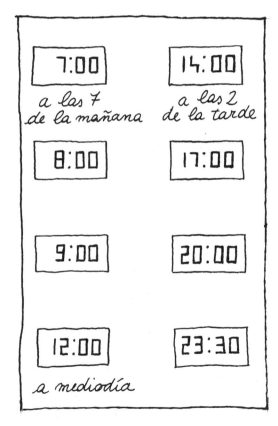

2. ⌈Expresarse⌋

Fragen Sie sich gegenseitig immer mal zwischendurch, wieviel Uhr es ist:
Perdone Vd., ¿puede Vd. decirme ...?

2 ¿A qué hora?

> otro café → 19.7
> traer: traiga → 3.16
> tráiganos → 24.8
> un vaso de agua → 31.6
> volver: vuelvo, vuelves, vuelve,
>   volvemos, volvéis, vuelven → 2.2
> irse, quedarse → 24.5

1. ⌈Preguntar/responder⌋

¿A qué hora sale Vd. generalmente de casa?
¿A qué hora toma Vd. generalmente café?
¿A qué hora vuelve Vd. generalmente del trabajo?
¿A qué hora vuelves generalmente de la universidad/del colegio (Schule)?
¿A qué hora cena Vd. generalmente?
¿A qué hora vamos a hacer una pausa?

64   Lección 8

2. Sistematizar

¿Me llama?
¿Puede Vd. llamarme?/¿Quiere Vd. llamarme?

¿Me llama?
¿Se queda?
¿Me trae agua?
¿Se va Vd.?
¿Me espera?
¿Me explica esto?
¿Me apunta su nombre?
¿Me busca hotel?
¿Me compra una botella de Jerez?
¿Me da mil pesetas?
¿Me escucha un momento?
¿Me invita mañana?
¿Me presenta a su mujer?
¿Me recomienda un buen vino blanco?
¿Me dice qué hora es?
¿Me entiende Vd.?
¿Me hace café, por favor?

3 ¿Te vas?

irse: me voy, ¿te vas? → 24.5
quedarse: me quedo, ¿te quedas? → 24.5
¿no quieres quedarte? → 24.8
me están esperando → 24.8

1. Sistematizar

Fragen Sie, ob die betreffenden Personen nicht bleiben – *sich* länger hier aufhalten – wollen:

¿Te vas? **¿No quieres quedarte?**

¿Se va tu padre?
¿Se van tus amigos?
¿Se va Vd.?
¿Nos vamos ya?
¿Os vais ya?
¿María ya se va?

2. Sistematizar

– ¿Te vas?
– **Sí, no puedo quedarme.**
(Denken Sie wieder an „*sich* nicht länger aufhalten".)

– ¿Se va tu padre?
– ¿Os vais?
– ¿Se van tus amigos?
– ¿Se va Vd.?
– ¿Nos vamos ya?
– ¿Se va María?

3. Expresarse

A macht die folgenden Aussagen (und stellt sich etwas dabei vor). **B** stellt dazu alle möglichen Fragen (¿quién, dónde, cuándo, por qué, para qué?). **A** erfindet Antworten, Erklärungen usw.

– Me están esperando.
– Me están llamando por teléfono.
– Me están buscando.
– Me están hablando en inglés.
– Me están mirando.
– Me están haciendo una foto.

Lección 8

4. Usar frases útiles

En una fiesta, algunos quieren *quedarse*, otros quieren *irse*.
¿Qué quieren hacer? (Por ejemplo, Carlos quiere irse. Está cansado. Quiere irse porque está cansado. Está tan cansado que quiere irse.)

¿Qué piensan o qué dicen? (Por ejemplo, Carlos dice: – Quiero irme.)

5. Usar frases útiles

¿A qué hora sale?   ¿Qué hora es?   ¿Cuánto tiempo le queda?   ¿Qué puede hacer todavía?

Lección 8

4 ¿Cuándo podríamos vernos?

me gustaría, podría, tendría, sería
→ 10.1, 10.2, 10.3
volver a ver → 22.5
por la mañana, por la tarde, por
 la noche; paso por tu casa → 31.3
a las 11 de la mañana → 31.2
todo el día → 30.1
decir: digo, dices, dice, decimos,
 decís, dicen → 3.3
marcharse: tengo que marcharme
 → 24.5, 24.8

1. ⌈Preguntar/responder⌋

¿Adónde le gustaría ir?
¿Adónde le gustaría volver a ir?
¿Le gustaría volver a ser niño/niña?
¿A quién le gustaría volver a ver?
¿A quién no le gustaría volver a ver?
¿Vuelve Vd. a preguntar cuando no entiende a alguien (jemand)?
¿Vuelve Vd. a invitar a personas que son pesadísimas (aufdringlich, auf die Nerven gehend)?
¿Vuelve Vd. a leer libros (Bücher) que le han gustado?
¿Vuelve Vd. a ver películas (Filme) que le han gustado? ¿Cuántas veces?

2. ⌈Preguntar/responder⌋

¿Trabaja Vd. todo el día?
¿Quién trabaja sólo por la mañana/por la tarde/por la noche?
¿Tiene que trabajar Vd. a veces el domingo? ¿O el sábado?
¿Qué podríamos hacer después de la clase?
¿Quién tiene que marcharse/irse?
¿No puede quedarse? (¡Qué lástima!)
¿Quién se queda? ¿Quién se marcha/se va?
¿Le están esperando en casa?
¿O está Vd. esperando una llamada telefónica (Anruf)?

3. ⌈Sistematizar⌋

– Les llamo? (Soll ich Sie anrufen?)
– Sí, **llámenos,** por favor.

¿Les espero aquí?
¿Les explico todo?
¿Les apunto mi dirección?
¿Les busco hotel?
¿Les compro el Jerez?
¿Les invito con mis amigos?
¿Les presento?
¿Les traigo café?

4. ⌈Expresarse⌋

Rufen Sie jemand an, den Sie lange nicht gesehen haben. Schlagen Sie – in verschiedenen Gesprächen – vor:

– pasar por su casa a verle por la tarde
– ir a buscarlo (abholen) el domingo por la mañana a salir fuera de la ciudad
– invitarlo a su casa a cenar por la noche
– salir el sábado por la noche juntos a dar una vuelta y cenar
– salir el sábado por la tarde a tomar café

5. Preguntar/responder

Esta agenda española es muy práctica.
¿Qué se puede apuntar en ella?
¿Qué tipo de cosas apunta Vd. normalmente en su agenda?
Apunte Vd. en esta agenda las cosas que quiere o tiene que hacer en junio.

Hable un poco con sus compañeros de su planificación para el mes de junio que viene.
Intente ahora con su compañero encontrar una posibilidad para ir al cine juntos / para comer juntos / para tomar café juntos.
¿Cuándo podrá ser?
Apunte también esta nueva cita y cuente a los demás lo que quieren hacer su compañero y Vd.

(06) JUNIO

02	
1	Sa
2	Do
3	Lu
4	Ma
5	Mi
6	Ju
7	Vi
8	Sa
9	Do
10	Lu
11	Ma
12	Mi
13	Ju
14	Vi
15	Sa
16	Do
17	Lu
18	Ma
19	Mi
20	Ju
21	Vi
22	Sa
23	Do
24	Lu
25	Ma
26	Mi
27	Ju
28	Vi
29	Sa
30	Do

6. Preguntar/responder

¿Cuándo pasa Vd. por casa de un amigo?
¿Cuándo pasa Vd. por el Banco?
¿Cuándo pasa Vd. por el supermercado?
¿Cuándo pasa Vd. por la estación?
¿Cuándo pasa Vd. por una farmacia?
¿Por qué ciudad pasa Vd. cuando va de Barcelona a Madrid?
¿Por qué ciudad pasa Vd. cuando va de Madrid a Salamanca?
¿Por qué ciudad pasa Vd. cuando va de _____ a _____?

5 Vamos a comparar

cerrar: cierro; empezar: empiezo
→ 2.1
empezar a trabajar; llegar a casa
→ 31.7
salir: salgo, sales, sale, salimos, salís, salen → 1.3

1. ⌐Expresarse⌐

Fragen Sie einander jeweils, wann B das macht, wovon A spricht:

– Yo, por la mañana, desayuno a las siete. ¿Y a qué hora desayuna Vd.?
– Yo, a las diez de la mañana tomo algo. Y Vd., ¿—————? etc.

Erzählen Sie wieder, was Sie zu verschiedenen Zeiten machen, und fragen Sie den anderen, was er um diese Zeit macht.

A las siete de la mañana desayuno. Y Vd., ¿qué hace Vd. a las siete de la mañana? etc.

2. ⌐Preguntar/responder⌐

¿Cuántos días a la semana va Vd. a la clase de español?
¿Cuántos días a la semana trabaja Vd.?
¿Cuántos días a la semana no trabaja Vd.?
¿Cuántas horas al día ve Vd. la televisión?
¿Qué días de la semana ve Vd. la televisión?
¿Cuántos días a la semana va Vd. a comprar cosas?
¿Cuántos días a la semana están las tiendas abiertas (offen)?
¿Cuántos días a la semana compra Vd. un periódico (Zeitung)?
¿Cuántos días a la semana compra Vd. una revista (Zeitschrift)?

3. ⌐Distinguir⌐

¿Sale Vd. a veces por la noche?
¿Con quién sale?
Los fines de semana, ¿sale Vd. a veces fuera de la ciudad?
¿Le gusta salir solo/sola?
¿Adónde va Vd. generalmente? ¿Y cómo va?
¿Por qué no se queda Vd. en casa?
En la semana, ¿le queda tiempo a veces para salir fuera?
¿Le queda tiempo para escribir a sus amigos?
¿Le queda tiempo para leer libros o revistas?

¿Pasas a veces por casa de tus amigos?
¿O pasan tus amigos por tu casa?
¿Se quedan mucho tiempo? ¿Hasta qué hora se quedan, por la noche?
Cuando tus amigos se van, ¿te queda vino?
¿Te quedan cigarrillos (Zigaretten)?

6 Comprensión auditiva

esperar a un amigo → 20.4
le interesa → 24.3

1. ⌐Preguntar/responder⌐

¿Cree Vd. que generalmente los aviones llegan a la hora normal?
¿Ha tenido Vd. una vez mucho retraso en avión? ¿Cuántas horas de retraso?
¿Y los trenes, son generalmente más puntuales?
Si Vd. tiene que ir de Francfort a Colonia, que son 200 kilómetros, ¿prefiere ir en tren o en avión?
¿Y de Francfort a Hamburgo, que son unos 600 kilómetros?

7 ¿A qué hora hay un avión?

1. A Expresarse

a. Vd. tiene aquí el horario de los vuelos de Iberia Bilbao–Madrid y Madrid–Bilbao. Conteste Vd. las preguntas que le hace su compañero **B**. (pág. 72)

b. Luego, hágale Vd. las siguientes preguntas a su compañero y apunte lo que él le dice. (Imagínese que están Vds. en Valencia.)

– Tengo que ir a Madrid para hacer un par de cosas allí. ¿Me puede Vd. decir qué vuelos hay?
– ¿Es posible ir y volver en el mismo día?
– ¿Cuánto tiempo puedo estar en Madrid si quiero volver el mismo día?
– Y si salgo de Madrid al día siguiente, ¿a qué hora tengo que salir?
– ¿Y un poco más tarde?

Servicios de Pasaje

Validez / Validity	Dias / Days	Salida / Departure	Vuelo / Flight	Llegada / Arrival	Via / Via	Salida / Departure	Vuelo / Flight	Llegada / Arrival
De/From **Madrid** (Cont.)								
A/To **Bilbao**								
	1234567	08.35	IB452	09.30				
– 31 Jul	12345	12.15	IB454	13.10				
01 Sep –	12345	12.15	IB454	13.10				
– 31 Jul	1 3 5	**14.00**	IB450	**14.55**				
01 Sep –	1 3 5	**14.00**	IB450	**14.55**				
– 30 Jun	1234567	18.30	IB458	19.25				
01 Jul – 26 Sep	123456	18.30	IB458	19.25				
27 Sep –	1234567	18.30	IB458	19.25				
01 Jul – 26 Sep	7	19.25	IB458	20.20				
– 31 Jul	12345 7	20.25	IB460	21.20				
01 Sep –	12345 7	20.25	IB460	21.20				
De/From **Bilbao** (Cont.)								
A/To **Madrid**								
– 31 Jul	123456	08.00	IB453	08.55				
01 Sep –	123456	08.00	IB453	08.55				
	1234567	10.20	IB455	11.15				
– 31 Jul	12345	13.55	IB457	14.50				
01 Sep –	12345	13.55	IB457	14.50				
– 31 Jul	1 3 5	**15.40**	IB451	**16.35**				
01 Sep –	1 3 5	**15.40**	IB451	**16.35**				
– 30 Jun	1234567	20.10	IB459	21.05				
01 Jul – 26 Sep	123456	20.10	IB459	21.05				
27 Sep –	1234567	20.10	IB459	21.05				
01 Jul – 26 Sep	7	21.05	IB459	22.00				

Lección 8

1. B Expresarse

a. Haga Vd. las siguientes preguntas a su compañero y apunte lo que le dice. (Imagínese que están Vds. en Bilbao.)
- Quiero ir a Madrid para encontrar allí a un amigo. ¿Me puede Vd. decir cuántos vuelos hay al día?
- ¿A qué hora sale el primero? ¿Y a qué hora sale el último?
- ¿A qué hora llega el primero a Madrid?
- ¿Puedo ir y volver el mismo día?
- Entonces, ¿cuánto tiempo, cuántas horas tendría para estar en Madrid?
- Y si vuelvo al día siguiente, ¿a qué hora sale el primer avión de Madrid?

b. Vd. tiene aquí el horario de los vuelos de Iberia Valencia–Madrid y Madrid–Valencia. Conteste Vd. las preguntas que le hace su compañero.

Servicios de Pasaje

Validez Validity	Dias Days	Salida Departure	Vuelo Flight	Llegada Arrival	Via Via	Salida Departure	Vuelo Flight	Llegada Arrival

De/From Madrid (Cont.)

A/To Valencia

Validez	Dias	Salida	Vuelo	Llegada
	1234567	09.45	IB422	10.40
	1234567	12.40	IB424	13.35
– 31 Jul	12345	15.55	IB426	16.50
01 Sep –	12345	15.55	IB426	16.50
27 Sep –	12345 7	22.55	IB428	23.50
01 Sep – 26 Sep	12345	22.55	IB428	23.50
01 Ago – 31 Ago	12345 7	22.55	IB428	23.50
01 Jul – 31 Jul	12345	22.55	IB428	23.50
01 May – 30 Jun	12345 7	22.55	IB428	23.50
– 30 Abr	12345	22.55	IB428	23.50
01 Sep – 26 Sep	7	23.10	IB428	00.05
01 Jul – 31 Jul	7	23.10	IB428	00.05
– 30 Abr	7	23.10	IB428	00.05

De/From Valencia (Cont.)

A/To Madrid

Validez	Dias	Salida	Vuelo	Llegada
	123456	07.50	IB423	08.35
	1234567	11.25	IB425	12.10
– 31 Jul	12345	17.35	IB427	18.20
01 Sep –	12345	17.35	IB427	18.20
	1234567	21.00	IB429	21.45

B Zusammenfassung

Wichtige Ausdrucksmöglichkeiten, die Sie gelernt haben:

Aussagen rund um die Uhrzeit.	¿Qué hora es? Son las 3.
	¿A qué hora? A las 8.
Verschiedene Fragen/Aussagen zu Zeit und Zeitpunkt.	¿Cuánto tiempo nos queda? ¿Cuándo nos vemos? Hoy, mañana, esta noche, después, el fin de semana, el domingo, por la mañana, por la tarde, ahora ...
Sich verabreden.	¿Cuándo podemos (volver a) vernos?
	¿De acuerdo? De acuerdo.
Sich verabschieden.	Tengo que irme/marcharme.
	Adiós, hasta luego.

Es gibt verschiedene Verben mit *se:*
se als fester Bestandteil: quedarse/marcharse: bleiben/weggehen
se ändert die Bedeutung: ir: gehen   irse: weggehen
                            llamar: rufen   llamarse: heißen
se wie im Deutschen: sich   preguntarse: sich fragen.

C Übungen zur Wiederholung

1.

Lección 8

4.

todo el día

a. _____ costa es muy bonita.
b. He trabajado _____ día.
c. He estado en España _____ mes *(Monat)* de septiembre.
d. En mi casa, _____ familia toma té para el desayuno.
e. ¿Conoce Vd. a _____ gente que está allí?
f. Ya hemos visto _____ museo, es hora de ir a tomar un café.
g. En _____ país hay pueblos muy bonitos.
h. ¿Qué está haciendo _____ tiempo?

2.

poder, volver

– Yo no _____ quedarme más tiempo, lo siento. Tengo que irme, pero _____ en media hora. Vd. _____ esperarme aquí o en el bar, si quiere.
– Ahora son las 3, así que Vd. va a _____ a las 3 y media, más o menos.
– Sí, exacto. Bueno, también _____ ser un poco más tarde, pero no _____ antes de las 3 y media. ¿De acuerdo?

3.

lo está haciendo

a. Tengo que hablar con Antonio. _____ llamando toda la tarde.
b. No sé dónde está la llave. _____ buscando ya todo el día.
c. Mi hermano no puede quedarse para cenar. _____ _____ esperando en casa.
d. Nadie ha entendido esto. Ahora, Pepe _____ _____ explicando otra vez.
e. Carmen no ha podido mirar las fotos antes. _____ _____ mirando ahora.

5.

Könnten Sie das alles in einem Gespräch über Urlaub und Reisen sagen?

– Sie fragen, ob Ihr Gesprächspartner Avila (oder Gran Canaria) kennt.
– Sie fragen ihn, ob er schon einmal in Toledo (oder Ibiza) gewesen ist.
– Sie fragen ihn, wie (!) ihm Toledo (oder Ibiza) gefallen hat.
– Sie fragen ihn, ob ihm Toledo oder Avila (Ibiza oder Gran Canaria) besser gefallen hat.
– Er sagt etwas von Jávea. Sie haben den Namen nie gehört. Fragen Sie, was das ist, ob es eine Stadt oder ein kleinerer Ort ist, ob es an der Küste liegt?
– Er spricht von Torremolinos. Sie kennen es nicht, haben aber viel davon gehört. Sagen Sie, daß es sehr teuer sein muß.

Lección 9

A Übungen zu den einzelnen Texten

1 ¿Quién es? ¿Dígame?

¿está (allí, en casa) la señorita Ana?
→ 16.4
soy yo → 16.1
unos amigos → 19.1
molestarse: no se moleste → 12.3
cuánto lo siento → 28.6
yo mismo → 22.3

1. *Expresarse*

Llamo para decirle que...

¡Cuánto lo siento!

¡Qué lástima!

No importa.

Bereiten Sie Telefongespräche vor und spielen Sie sie dann:

– Sie rufen den Zahnarzt an, weil Sie nicht hingehen können. Sie brauchen einen neuen Termin.
– Sie entschuldigen sich bei einem Freund, weil Sie nicht zu seinem Fest gehen können.
– Sie entschuldigen sich im Büro, weil Sie nicht zur Arbeit kommen können.
– Sie entschuldigen sich beim Lehrer, weil Sie nicht zum Unterricht kommen.
– Sie entschuldigen sich bei einem kranken Freund, weil Sie ihn nicht besuchen.
– Sie entschuldigen sich bei jemand, den Sie nicht mit anderen Freunden eingeladen haben. Ob er morgen kommen will?
– Sie entschuldigen sich bei jemand, den Sie nicht vom Bahnhof abholen können *(ir a buscar)*.

2. *Expresarse*

Mire las páginas 18 y 19 del libro de textos, Lección 2.

¿Con quién habla el chico/la señora/la chica?
¿Con quién ha hablado el señor?
¿A quién quiere llamar el niño?
Escriba Vd. una de estas conversaciones por teléfono.

2 Ya es tarde

es tarde → 16.3
no te preocupes; déjalo → 12.3
vuelven a abrir → 22.5
saber: sé, sabes, sabe, sabemos,
sabéis, saben → 3.12

1. Distinguir

Vd. puede **cambiar dinero** en un banco. Pero Vd. **cambia de tren**. (Vd. deja un tren y toma otro.) ¿De qué le gustaría cambiar? ¿Cómo y por qué? ¿O es ya tarde?

¿Le gustaría cambiar de estilo de vida?
¿Le gustaría cambiar de trabajo?
¿Le gustaría cambiar de país?
¿Le gustaría cambiar de casa?
¿Le gustaría cambiar de piso?
¿Le gustaría cambiar de familia?
¿Le gustaría cambiar de ciudad?

2. Usar frases útiles

Empfehlen Sie Ihrem Partner, es noch einmal zu tun oder zu versuchen:

– Le he preguntado, pero luego no lo he entendido.
– **Puedes volver a preguntarle.**

Lo he explicado, pero no me han entendido.
He empezado ya varias veces a aprender español, pero luego no he tenido tiempo.
He hablado con el senor X., pero todavía no me ha dado trabajo.
He llamado a mis amigos, pero parece que hoy no están en casa.
He pasado por casa de Inés, pero hoy no está.
He preguntado en la estación por los trenes, pero creo que no me han informado bien.
He ido una vez a Toledo, y me ha gustado muchísimo.

3. Expresarse

Un amigo español está leyendo un periódico alemán y le pregunta las palabras que no entiende. ¿Quiere Vd. explicarle, más o menos, (¡no traducir!) estas palabras?

¡Qué palabras más complicadas y difíciles!

KAUFHAUS
Schalterstunden
Geschäftsreise
Öffnungszeiten
Sonderangebote
Anzeigenschluß
Räumungsverkauf

4. Expresarse

Pregunte a su compañero si sería posible (möglich) hacer estas cosas o si ya es tarde.

ir a un restaurante	10:30
ver el museo	17:30
comprar algo en una tienda	08:30
cambiar dinero	13:00
ir a una discoteca	17:00
comprar libros	16:45
ir a una farmacia	21:50
ir al teatro	19:00
tomar el tren para X.	23:10

3 Llegan a tiempo

tomen Vds. un taxi → 12.1
no se preocupen Vds. → 12.3

1. Preguntar/responder

¿Es Vd. siempre puntual? ¿Llega siempre a tiempo o llega tarde a veces?
¿Qué dice entonces?

A sus amigos, ¿qué les dice cuando tiene que esperarlos?
Cuando Vd. ha quedado a las cinco de la tarde con un amigo y él llega tarde, ¿hasta qué hora espera Vd.?

Lección 9

Si Vd. tiene que salir en un tren a las nueve de la mañana, ¿a qué hora va Vd. a la estación?

¿Conoce Vd. a personas que les gusta llegar siempre en el último momento? A mí me gusta llegar 10 minutos antes, ¿y a Vd.?

2. Preguntar/responder

¿Hay Metro (U-Bahn) en esta ciudad?

¿Toma Vd. el autobús o el Metro, generalmente, o prefiere tomar un taxi?
Se puede, en esta ciudad, buscar un taxi por la calle?

3. Expresarse

Spielen Sie eine Verabredung, bei der einer viel zu spät kommt. Der andere reagiert, wie er in Wirklichkeit reagieren würde.
A ver cómo reaccionan algunos de sus compañeros.

4. Usar frases útiles

Beschreiben Sie 5 Situationen, in denen Sie Ihren Gesprächspartner beruhigen können: No se preocupe Vd., ... No te preocupes, ...

5. Comunicarse

Cuente Vd. algo de la vida de este señor.
¿Por qué ha venido a este sitio?
¿Qué está pensando en estos momentos?

4 RENFE informa

1. Comprender

Lea Vd. el texto del libro.
¿En qué días hay trenes especiales para Alicante?
¿A qué hora salen?
¿Qué día es hoy/a cuántos estamos hoy?
Entonces, ¿cuándo hay el próximo tren especial para Alicante?
¿A qué hora sale el tren especial de Alicante para Madrid?
¿A qué hora llega?

2. Preguntar/responder

¿Cuántos tipos de trenes hay en nuestro país?
¿Circulan en nuestro país todos los trenes todos los días?
¿Hay servicios especiales en los meses de verano? ¿Y en Navidad?
¿Qué días hay más trenes? ¿Por qué?
¿Para qué viajes prefiere Vd. el tren y qué viajes hace en coche?
¿Tienes una moto? ¿Qué prefieres: la moto o el coche?
¿Tus amigos también tienen una moto?

3. A Expresarse

Conteste Vd. las preguntas que le hace su compañero **B** (pág. 80) sobre los trenes de Salamanca a Madrid.

Luego, hágale Vd. las siguientes preguntas, imaginándose que están Vds. en Madrid, y apunte lo que él le va a decir.

– ¿Sabes tú qué trenes hay de Madrid a Orense?
– ¿Cuál es el mejor, el más rápido?
– Los trenes pasan por Zamora, ¿verdad?
– ¿Podría ver Zamora en un día y luego llegar todavía el mismo día a Orense?
    Es lo que voy a hacer. Dime otra vez los horarios para apuntarlos.
– Y para volver de Orense a Madrid, ¿qué posibilidades hay?

Comparen Vds. si lo ha entendido y apuntado todo bien.

17   Madrid ■━━━━━━●━━━━━━■ Salamanca   **17**
                              Avila

Km.	Identificación del tren / Prestaciones	Autom. 2101	Autom. 2103	Autom. 2105				
	Plazas asiento	2	2	2				
	Cama o litera							
	Restauración							
	Particularidades							
0	MADRID-P. Pío .... S.	8.40	15.40	18.30				
38	Villalba de Guadarrama ...	|	|	|				
51	El Escorial	|	|	|				
121	AVILA	10.29	17.29	20.20				
169	Crespos	11.21	18.19	21.06				
192	Peñaranda de Bracamonte	11.45	18.44	21.28				
214	Babilafuente	12.07	19.06	|				
233	SALAMANCA .... Ll.	12.30	19.29	22.05				

Km.	Identificación del tren / Prestaciones	Autom. 2100	Autom. 2102	Autom. 2104	Semid. 2106			
	Plazas asiento	2	2	2	2			
	Cama o litera							
	Restauración							
	Particularidades				■			
0	SALAMANCA .... S..	7.35	10.10	16.45	18.20			
19	Babilafuente	|	10.29	17.04	18.38			
41	Peñaranda de Bracamonte	8.11	10.54	17.29	19.06			
64	Crespos	8.33	11.20	17.52	19.30			
112	AVILA	9.23	12.13	18.47	20.39			
182	El Escorial	|	|	|	|			
195	Villalba de Guadarrama ...	|	|	|	|			
233	MADRID-P. Pío .... Ll.	10.58	13.48	20.22	22.14			

■ Festivos excepto el 6-VI, 25-VII, 15-VIII, 12-X y 1-XI de 1985.

Lección 9

3. B Expresarse

Hágale Vd. a su compañero las siguientes preguntas, imaginándose que están Vds. en Salamanca, y apunte lo que él (**A**, pág. 79) le va a decir.

– ¿Sabes tú qué trenes hay de Salamanca a Madrid?
– ¿Cuál es el mejor, el más rápido?
– ¿Hay alguna ciudad interesante entre Salamanca y Madrid?
– ¿Podría ver Avila en un día y luego llegar todavía el mismo día a Madrid?
  Es lo que voy a hacer. Dime los horarios para apuntarlos.
– ¿Y para volver de Madrid a Salamanca, qué posibilidades hay?
  Tengo que volver a Salamanca hasta las diez de la noche …

Comparen Vds. si lo ha entendido y apuntado todo bien.
Después, conteste Vd. las preguntas que le va a hacer su compañero, imaginándose que están Vds. en Madrid.

Prestaciones Km.	Identificación del tren	TALGO 151 150	TALGO 11151	Omn. 3706	Exp. 1855	Exp. 851 850	Exp. 855	Exp. 11854	Exp. 30855
	Plazas asiento	1-2	1-2	2	1-2	1-2	1-2	1-2	1-2
	Cama o litera								
	Restauración	✕	✕		✕	✕	✕		✕
	Particularidades	A	A		1		3	2	
0	MADRID-P. Pío S.	13.10			21.37	21.50	22.20		
121	AVILA	14.34			23.14	23.32	0.02		
207	Medina del Campo	15.39			0.24	0.48	1.13		
265	Toro								
297	ZAMORA	16.28			1.23	1.54	2.22		
359	Sarracín de Aliste								
375	San Pedro de las H. (apt.)								
404	Puebla de Sanabria (apt.)	17.38			2.59	3.28	4.10		
431	Lubián (apt.)				3.36				
454	La Gudiña	18.13			4.02	4.24	5.03		
480	Laza-Cerdedelo (apt.)								
513	Baños de Molgas								
544	Orense-S. Fco. (apd.)								
547	ORENSE Ll.	19.15			5.15	5.38	6.18		

204	ORENSE S.			→ 13.36	23.42		0.27	1.21	
207	Orense-S. Francisco (apd.)								
238	Baños de Molgas								
271	Laza-Cerdedelo (apt.)								
297	La Gudiña			14.38	1.30		2.28	3.07	
320	Lubián (apt.)							3.35	
347	Puebla de Sanabria (apt.)			15.15	2.24		3.27	4.06	
376	S. Pedro de las H. (apt.)				2.57				
392	Sarracín de Aliste (apt.)				3.17				
454	ZAMORA			16.27	4.06		4.53	5.30	
486	Toro								
544	Medina del Campo			17.28	5.31		6.11	6.50	
630	AVILA			18.19	6.35		7.13	7.51	
751	MADRID-P. Pío Ll.			19.43	8.14		8.55	9.27	

1 Circula del 28-VI al 16-IX, con rama de Pontevedra. **3** Del 28-VI al 16-IX modifica su horario entre Vigo y Redondela,
2 No circula del 28-VI al 16-IX. circulando en este trayecto con el horario del tren 30856.

5 Va a hacer un día estupendo

> hay que + infinitivo → 17.4
> tan temprano → 22.3
> hace buen tiempo → 16.2
> levantarse: no os levantéis → 12.3
> desayunad (comed, escribid) → 12.1
> hacer: hecho → 14.2
> buen tiempo, mal tiempo → 21.4
> llover: llueve → 2.2
> nevar: nieva → 2.1

1. *Preguntar/responder*

Cuando Vd. sale de excursión, ¿sale muy temprano?
¿A qué hora se levanta Vd. cuando quiere salir de excursión?
¿Qué es para Vd. levantarse temprano y qué es levantarse tarde? ¿Adónde va Vd. de excursión normalmente?
¿Vale la pena levantarse temprano cuando hace un día horrible?
¿Vale la pena levantarse a las cinco para hacer gimnasia?
¿Vale la pena levantarse temprano para hacer jogging?
¿Vale la pena levantarse temprano para desayunar con tranquilidad (in Ruhe)?
¿Cuándo vale la pena, para Vd., levantarse muy temprano?

2. *Preguntar/responder*

¿Dónde hay en España un clima mediterráneo?
¿Dónde hay en España un clima atlántico?
¿Dónde hay en España un clima continental?
¿Qué clima tiene esta ciudad?
¿Qué tiempo o qué clima le gusta a Vd. más?
¿Prefiere el calor o más bien (eher) un aire un poco fresco (kühle Luft)?
¿Le gusta más el clima mediterráneo o el atlántico?
A mí me gusta mucho el viento. ¿A Vd. le molesta (stört)?
¿Llueve mucho en esta ciudad?
¿Nieva aquí mucho en invierno?
¿Dónde nieva más?
¿En qué meses hace buen tiempo aquí?
¿En qué meses hace mal tiempo aquí?
¿Ha hecho un buen verano/invierno este año?

3. *Usar frases útiles*

¿Qué le parece? ¿Qué hay que hacer para ...?
− ser siempre puntual
− tener bastante dinero
− tener buenos amigos
− estar bien (y no enfermo)
− estar informado de las cosas que pasan en esta ciudad
− estar informado de las cosas que pasan en este país y en el mundo (Welt)

4. Sistematizar

levantarse, hablar alto (gritar), trabajar, quedarse, comer, tomar, sacar una foto

6 El tiempo ...

> decir: digo, dices, dice, decimos,
> decís, dicen; ha dicho → 3.3

1. *Preguntar/responder*

Cuando la radio dice que va a hacer buen tiempo, ¿lo cree Vd.?
Y cuando dice que va a llover o nevar, ¿lo cree Vd.?
¿Cree Vd. que, de momento, va a cambiar el tiempo?
¿Oye Vd. la radio cuando quiere saber qué tiempo va a hacer? ¿O qué hace?
¿Oye a veces la radio sin escuchar? Entonces, ¿para qué la pone?

2. *Usar frases útiles*

Mire Vd. las «Temperaturas extremas de ayer» (Texto 8, El tiempo):

¿Hace en Ibiza más calor que en Avila?
¿Hace en Bilbao menos calor que en Valencia?
¿Hace en Bilbao tanto calor como en Barcelona?
¿Tienen en Córdoba más temperatura que en La Coruña?
¿Tienen en La Coruña menos temperatura que en Gerona?
¿Tienen en Tenerife y Valencia la misma temperatura?
Ese día de la lista de temperaturas, ¿en dónde hace más calor en España?
¿Y en el extranjero, dónde hace más calor?
¿Y dónde hace más frío?
¿Dónde le gustaría estar?

3. *Comunicarse*

¿Qué costas y qué meses me recomienda Vd. para las vacaciones? (No piense sólo en la temperatura del agua ...)

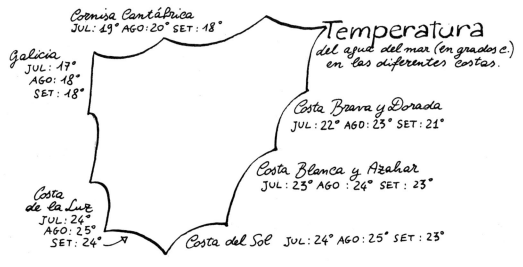

Lección 9

4. Comprender

GUIA DE DEPARTAMENTOS Y SERVICIOS

SÓTANO 3 4

SERVICIOS:

Parking. Taller de Montaje de accesorios del automóvil.

SÓTANO 2

SERVICIOS:

Parking. Carta de Compra. Devolución IVA.

SÓTANO 1

Tejidos. Mercería. Sedas. Lanas. **Supermercado.** Alimentación. Limpieza. **Imagen y Sonido.** Cassettes. Fotografía. Hi-Fi. Ordenadores. Radio. TV. Vídeos. Discos.

SERVICIOS:

Patrones de moda. Sala de audición de Hi-Fi. Laboratorio Fotográfico. Revelado rápido de Fotografías. Tintorería. Consultorio Esotérico.

PLANTA BAJA B

Complementos de Moda. Perfumería y Cosmética. Joyería. Bisutería. Bolsos. Fumador. Librería. Tienda de Tabaco. Marroquinería. Medias. Pañuelos. Papelería. Relojería. Sombreros. Turismo.

SERVICIOS:

Reparación relojes y joyas. Estanco. Información. Quiosco de Prensa. Servicio de Intérprete. Objetos perdidos.

PLANTA 1

Hogar Menaje. Artesanía. Cerámica. Cristalería. Cubertería. Accesorios Automóvil. Bricolage. Loza. Orfebrería. Porcelanas (Lladró, Capodimonte). Platería. Regalos. Vajillas. Saneamiento. Electrodomésticos. Muebles de Cocina.

SERVICIOS:

Reparación de Calzado. Plastificado de Carnet. Duplicado de llaves. Grabación de objetos. Floristería. Listas de Boda.

PLANTA 2

Niños/as. (4 a 10 años) Confección. Boutiques. Complementos. Juguetería. **Chicos/as.** (11 a 14 años) Confección. Boutique Agua Viva. **Bebés.** Confección. Carrocería. Canastillas. Regalos bebé. Zapatería bebé. **Zapatería.** Señoras, Caballeros y Niños.

SERVICIOS:

Estudio Fotográfico y realización de retratos.

PLANTA 3

Confección Caballeros. Confección Ante y Piel. Boutiques. Ropa Interior. Sastrería a Medida. Artículos de Viajes. Complementos de Moda. Zapatería.

SERVICIOS:

Unidad Administrativa (Tarjeta de compra El Corte Inglés. Venta a plazos. Envíos al extranjero y nacionales. Post-Venta). Peluquería Caballeros y Niños. Centro de Seguros. Agencia de Viajes.

B Zusammenfassung

Wichtige Ausdrucksmöglichkeiten, die Sie kennengelernt haben:

Bedauern ausdrücken.	¡Cuánto lo siento! ¡Qué lástima!
Angaben zur Zeit machen.	Es temprano. Es tarde.
	Llegar a tiempo. Llegar tarde.
Den Gesprächspartner beruhigen.	No se preocupe. No te preocupes.
Heftiges Erstaunen ausdrücken.	¡Qué barbaridad!
Sagen, daß sich etwas lohnt.	Vale la pena (hacerlo).
Vom Wetter sprechen ...	Hace ... tiempo. Nieva. Llueve.

quedar hat grundverschiedene Bedeutungen:

quedar	übrig sein, übrig bleiben	Me queda media hora.
quedar con	sich verabreden, „verbleiben"	He quedado con Carmen.
quedarse	bleiben, dableiben	No me marcho. Me quedo.

C Übungen zur Wiederholung

1.

Raten Sie Ihrem unschlüssigen Bekannten zu (und sagen Sie, warum).

— No sé si voy a alquilar la casa o no.
— **¡Alquílela Vd.!** Es muy bonita.

a. No sé si voy a cambiar el dinero o no.
b. No sé si voy a invitar a esas chicas o no.
c. No sé si voy a llamar a mi amigo o no.
d. No sé si voy a preguntarle a mi padre o no.
e. Ya es tarde. No sé si voy a quedarme o no.
f. No sé si voy a marcharme o no.
g. ¿Una aspirina? No sé si voy a tomarla o no.
h. No sé si voy a empezar este trabajo o no.

Und nun raten Sie ihm ab.

— No sé si voy a alquilar la casa o no.
— **¡No la alquile Vd.!** Es muy cara.

2.

Setzen Sie die entsprechende Form von **bueno** oder **malo**.

a. Tengo un _____ amigo en la provincia de Cádiz. Para ir allí, la combinación de trenes es muy _____.
b. Hoy hace _____ día. Hace viento y llueve mucho. Es un _____ fin de semana, con un tiempo tan _____.
c. ¿Ha visto Vd.? Tengo una _____ foto de Vd.
d. La comida no ha sido cara. Mil pesetas me parece un _____ precio.
e. ¿A qué hora sale Vd. de viaje? ¿A las 9? Me parece una _____ hora. Bueno, entonces, ¡_____ viaje!

3.

Sagen Sie, daß Sie alles schon gemacht haben:

— ¿Va a aprender Vd. un poco el español?
— **Ya he aprendido** un poco.

a. ¿Por qué no le pregunta Vd.?
b. ¿No va a comer Vd.?
c. ¿Vd. va a alquilar la habitación?
d. ¿Va a hacer Vd. ese trabajo?
e. ¿Va a ver Vd. a su hermano?
f. ¿Va a visitar Vd. el museo?
g. ¿Vd. va a traer las diapositivas de su viaje (Reise)?
h. ¿No quiere leer Vd. esta carta?
i. Vd. va a ir al banco, ¿verdad?
j. ¿No quiere oír este disco (Schallplatte)?
k. ¿No quieres salir una vez con Carmen?

4.

Was würden Sie sagen? ¿Qué diría Vd.?

a. Sie führen einen Spanier durch Ihre Stadt und zeigen ihm eine sehr alte Kirche, ein sehr modernes Haus, das Ihnen (nicht) sehr gefällt, und eine Bank, wo er Geld wechseln kann, wenn er will.

b. Sie bieten ihm an, das Museum zu besuchen und dann zu Hause zu Abend zu essen.

c. — Esta es una foto de mis dos hijas.
   — Sagen Sie ihm etwas Anerkennendes.
   — Aquí tengo más fotos ...

d. Ihr Besucher heißt Domínguez. Sie treffen Ihre Spanischlehrerin, Teresa Garrigues. Begrüßen Sie sie und stellen Sie die beiden vor. Sagen Sie dabei nicht nur die Namen.

Lección 10

A Übungen zu den einzelnen Texten

1–2 ¿Qué le/te gusta hacer ...?

los domingos → 20.2
si (wenn) → 32.1
hacer: hago, haces, hace, hacemos,
　　hacéis, hacen → 3.6
como → 32.2
todos los días → 30.1

1. *Preguntar/responder*

¿Qué haces normalmente los lunes?
¿Y los martes y los miércoles?
Entonces, ¿(no) haces lo mismo (dasselbe) todos los días?
¿Y qué haces los fines de semana?
¿Los sábados por la mañana, por ejemplo?
¿Y los sábados por la tarde? ¿Y por la noche?
Cuando os reunís con vuestros amigos, ¿dónde os reunís?
¿Y qué hacéis juntos?
Vuestro programa, ¿depende de algo?
Cuando hace buen tiempo, ¿qué hacéis?
Y cuando hace mal tiempo, ¿qué hacéis?
Y cuando no tenéis (mucho) dinero, ¿qué hacéis?

2. *Preguntar/responder*

¿Qué te gusta sobre todo hacer los fines de semana?
A mí me gusta sobre todo ir de paseo, no me importa el tiempo (macht mir nichts aus, ist mir nicht wichtig). ¿A ti te importa?
Yo voy de paseo de todas formas, con calor, con frío ... ¿Y tú?
A mí me gusta hacer siempre algo diferente. ¿Y a ti?
¿Conoces a gente que hace siempre lo mismo?

3. *Sistematizar*

Diga Vd. qué cosas hace Vd. o qué cosas pasan (porque hace sol, por ejemplo).
Pero dígalo empezando con **Como** ...

Hace sol.
Como hace sol, vamos de paseo.
Hace mucho calor.
Hace mucho viento.
Es domingo.
Hace buen tiempo.
No me queda dinero.
No me queda (mucho) tiempo.
No sé cuándo vienen mis amigos.
Me gusta esquiar.
Nos hemos levantado tarde.
Ya he visto esa película (Film).

Y ahora, diga Vd. cosas que **no** hace Vd., empezando otra vez con **Como** ...

3 Pues yo, generalmente ...

> exacto: exactamente → 22.1
> dormir: duermo, duermes, duerme, dormimos, dormís, duermen → 2.2

1. ⌊Sistematizar⌋

¿Qué vais a hacer el domingo que viene?
¿Qué vais a hacer el próximo fin de semana?
¿Qué vais a hacer el verano que viene?
¿Qué preferís: salir o quedaros en casa?
¿Qué preferís: quedaros en casa o ir a casa de unos amigos?
¿Qué prefieres: salir o quedarte en casa?
¿Qué prefieres: quedarte en casa o ir/irte a casa de unos amigos?

2. ⌊*Sistematizar*⌋
- *mente*

¿Duerme Vd. la siesta? (¿Por qué? ¿Por qué no?)
¿Cuántas horas duerme Vd. generalmente?
¿Le parece mucho o poco?
¿Cuántas horas necesita dormir una persona normalmente? ¿Y Vd.?
¿Y cuántas horas le gustaría dormir?
Yo cuando he dormido sólo seis horas, estoy cansado todo el día. ¿Y Vd.?

¿Qué prefiere Vd. hacer individualmente (y no en grupo)?

¿Qué cosas hace Vd. rápidamente y qué hace lentamente (langsam)?
¿Qué va a hacer Vd. posiblemente el año que viene?
¿Qué hora es exactamente?
¿Puede Vd. venir aquí fácilmente o es difícil para Vd. venir?
¿Dónde se puede comer estupendamente bien en esta ciudad?
(Versuchen Sie, mit diesen Wörtern auf -mente noch mehr zu erzählen oder zu erfragen.)

4 ¿Qué hace Vd. ...?

> tanto tiempo/tan poco tiempo → 21.5
> un buen libro → 21.4
> un poco de deporte → 31.6
> jugar: juego, juegas, juega, jugamos, jugáis, juegan → 2.2
> no hacer nada → 33.2

1. ⌊*Preguntar/responder*⌋

¿Tiene Vd. mucho tiempo libre?
¿Tiene tiempo libre durante la semana o sólo el fin de semana?
¿Cree Vd. que la gente en nuestro país tiene mucho tiempo libre?
¿Tienen en otros países tanto tiempo libre, o más, o menos?
¿Sabe la gente en realidad qué hacer con ese tiempo libre?

2. Expresarse

Cuente Vd. lo que ve en el dibujo (¿quién, dónde, cuándo?).

Imagine algunas conversaciones cortas entre las dos personas que están sentadas a la mesa. (Son conversaciones diferentes que no tienen nada que ver unas con otras.)

Ella: – ¿Desde cuándo lees tú novelas de amor?
El: – _____

Ella: – ¿Qué tal la comida?
El: – _____

El: – ¿Has estado todo el día en la piscina?
Ella: – _____

El: – ¿Y por qué no comes nada?
Ella: – _____

Ella: – ¿Cómo puedes decir que me quieres si todavía no me conoces?
El: – _____

3. ⌊*Preguntar/responder*⌋

¿Qué libro ha leído Vd. últimamente (in letzter Zeit)?
¿Qué revistas lee Vd.? ¿Por qué le gustan o le interesan?
¿Qué periódico lee Vd. normalmente?
¿Ha comprado ya alguna revista española?
¿Verdad que ya puede entender algo?
¿Qué discos tiene Vd.? ¿Qué discos oye Vd.?
¿Tiene Vd. niños? ¿Le gusta jugar con ellos?
¿A qué juega con ellos?
¿A qué juegas con tus amigos o con tus hermanos?
¿Juegas al fútbol? ¿Al balonmano? ¿Al tenis? ¿O a qué juegas?
¿Tocas un instrumento de música? ¿El piano? ¿La guitarra? ¿El saxofón?
¿Cómo has aprendido a tocarlo?

4. ⌊Sistematizar⌋

¿No has hecho nada especial esta semana?
¿No lees nada de momento?
¿Te gusta a veces no hacer nada?
Hay gente que prácticamente no desayuna nada. ¿Y tú?
¿Hay días que no comes nada?
Yo ceno muchísimo, ¿y tú?
¿Has visto algo interesante en la ciudad en estos días?
Hay gente que hace algo especial los sábados y los domingos. ¿Y tú?

5 ¿Qué deporte haces tú?

algún, ningún → 21.4
tengo, hago, oigo, salgo → 4.3
oír: oigo, oyes, oye, oímos, oís, oyen → 3.8
no ... nunca, no ... tampoco → 33

1. ⌊*Sistematizar*⌋

nada – nadie – nunca
tampoco – ninguno – ningún

¿No hace Vd. nada de deporte?
¿No sabe Vd. nada de España?
¿No habla Vd. con nadie de su trabajo o de sus estudios?
¿No le invita nadie el sábado o el domingo?
¿No invita Vd. a nadie a su casa?
¿No va Vd. nunca al cine o al teatro?
¿No va Vd. tampoco al concierto?
¿No tiene Vd. ningún amigo español aquí?
¿No tiene ninguna amiga española?

2. ⌊*Sistematizar*⌋

Pregúntense Vds. unos a otros empleando **algún/alguna**, por ejemplo:

¿Conoce Vd. a algún español aquí?
¿Hay alguna francesa en nuestro grupo? etc.

3. Expresarse

JUVENTUD Y Naturaleza

Intente hablar sobre esta escena, empleando (algunas de) las siguientes palabras:
chicos, chicas – campo – vacaciones – buen tiempo – excursiones – alegría – divertirse – llevarse bien – grupo – juntos – jugar – cantar – familia – casa – clases – bailar – viajar – padres

6 La juventud española

el 30 por ciento (el 30%) → 19.6
diario: diariamente → 22.1
la revista más leída, las revistas más leídas → 21.7

1. *Preguntar/responder*

¿Ve Vd. alguna diferencia entre lo que piensan los jóvenes de España y los de aquí?
¿Cree Vd. que aquí el 30 por ciento de los jóvenes lee diariamente el periódico?
¿Lee Vd. el periódico diariamente?
¿Qué es lo primero que lee? ¿Qué otras cosas le interesan?
¿Hay algo que no lee prácticamente nunca?
¿Qué programas de la televisión le interesan?
¿Qué prefiere, las ocupaciones «activas» o las «pasivas»?
¿Cree Vd. que leer es una forma pasiva de pasar el tiempo?

2. *Comunicarse*

¿Qué le sugiere esta foto? ¿En qué le hace pensar? Piense en el conductor. ¿Por qué (no) le gustaría hacer su trabajo?

Lección 10

B Zusammenfassung

Wichtige Ausdrucksmöglichkeiten, die Sie kennengelernt haben:

Ausdrücken, daß etwas nicht ganz sicher ist:	Depende.
	Kommt drauf an ...
Ausdrücken, was unabhängig von allem anderen ist: auf alle Fälle.	De todas formas ...,
Eine Konsequenz oder Schlußfolgerung ausdrücken.	Entonces ...
	¿Llueve? Entonces no vamos.
Wichtige Verneinungen ausdrücken.	No compro nada. No voy nunca allí.

Prüfen Sie, ob die Texte alle wichtigen Wörter enthalten, die Sie brauchen, um von Ihrer Freizeit zu sprechen. Wenn nicht, fragen Sie!

Hier die wichtigsten Nebensätze, die Sie kennen.

que – daß	Creo que viene. Me parece que viene. Claro que viene.
que – der, die, das	El hotel que le he recomendado.
si – wenn, falls	Si tomamos un taxi, llegamos a tiempo.
si – ob	No sé si viene. Voy a preguntar si viene.
cuando – wenn (zeitlich)	Cuando voy a Madrid, (siempre) voy en avión.
porque – weil	Mañana no puedo, porque viene mi madre.
como – weil	Como mañana viene mi madre, no voy a tener tiempo.
como – wie	Carmen es exactamente como tú me has dicho.

C Übungen zur Wiederholung

1.
como / porque

a. – No puedo ir al cine _____ no tengo dinero. Ya sé que Vd. me puede dejar dinero, pero _____ tampoco tengo tiempo hoy ...

b. – Bueno, entonces yo no voy tampoco, _____ no me gusta ir solo (allein). Y _____ no está mi novia, tampoco puedo ir con ella ...

2.
alguno / ninguno

a. – Ah, una cosa: ¿Tienes tú _____ disco de Daniel Viglietti, el cantante (Sänger) uruguayo? Yo no tengo _____, pero debe tener _____ cosas muy buenas.

b. – Yo tengo _____ discos de Viglietti. Si _____ día pasas por mi casa vamos a oírlos, ¿quieres?

c. – Yo tengo _____ amigos en Madrid, pero _____ en Barcelona.
d. – Pues yo conozco a _____ personas en Barcelona, pero no tengo _____ amigo bueno allí.

3.
nada, nadie, nunca, ninguno

En la ciudad, no he comprado _____. Necesito una bolsa, pero no me ha gustado _____. Pero yo no he venido aquí para comprar cosas. Quiero hablar con la gente. Y no he tenido _____ problema. Todos son simpáticos y me hablan despacio, esto no me ha pasado _____ en otro país. No conozco a _____, pero son todos muy amables.

4.
¿Qué hace Vd. todos los días?

¿Me pregunta Vd. qué (hacer) _____ todos los días? Pues, no (saber) _____. Generalmente (tener) _____ poco tiempo. Por la noche (ver) _____ la tele (televisión). A veces (oír) _____ discos o cassettes. Los domingos (salir) _____ de la ciudad en coche. (ir) _____ a comer con unos amigos, ¿sabe? (conocer) _____ algunos restaurantes muy buenos y no muy caros. No (entender) _____ cómo la gente puede comer en los restaurantes carísimos que hay. Yo (ser) _____ un simple empleado (einfacher Angestellter) y no (tener) _____ tanto dinero. Bueno, por la tarde, el problema es volver a la ciudad. El tráfico es terrible. Pero yo siempre (volver) _____ bastante temprano.

5.

Was würden Sie in diesen Situationen sagen? (¿Qué diría Vd.?)
In Ihrer Stadt sehen Sie zwei junge Leute mit einem Stadtplan. Sie sprechen spanisch.
– Fragen Sie die beiden, was sie suchen.
– Ah, ¡Vd. habla español! ¡Cómo es posible!
– Sagen Sie, daß Sie gehört haben, daß sie spanisch sprechen.
Sagen Sie, daß Sie gern spanisch sprechen, weil sie es gerade lernen.
– (Einer von den beiden antwortet in sehr gutem Deutsch.)
– Machen Sie ihm ein kleines Kompliment.
Sagen Sie, daß Sie nicht so gut spanisch sprechen wie er deutsch.
Sagen Sie, daß Sie gern einen Kaffee mit ihnen trinken würden.
Natürlich laden Sie sie ein.
Fragen Sie, woher sie sind, wie lange sie in Ihrer Stadt sein werden, wo sie Deutsch gelernt haben, usw.
Fragen Sie die beiden, ob sie am Abend zu Ihnen kommen wollen.
Sagen Sie, daß Sie ihnen Ihre Adresse aufschreiben.
Sagen Sie, daß sie vor halb acht Uhr nicht zu Hause sein werden.
Sagen Sie, daß Sie sie um halb acht oder später erwarten.
Überlegen Sie, was Sie sonst wohl noch gern gesagt hätten ...

Lección 11

A Übungen zu den einzelnen Texten

1 Hay que saber adónde ir

saber adónde ir → 28.7
invitar a → 31.7

1. Preguntar/responder

¿Sabe Vd. cómo hacer una paella?
¿Sabe Vd. adónde ir en su ciudad para comer bien?
¿Sabe Vd. dónde encargar una comida?
¿Sabe Vd. a qué número llamar cuando necesita un taxi?
Cuando invita a unos amigos a cenar, ¿cenan en casa o en un restaurante?
Cuando van a un restaurante, ¿adónde van?
¿Qué restaurante le gusta más en esta ciudad?
¿Es caro? ¿Hay algún plato especial de la casa?

2 ¿Me trae el menú?

recomendar: recomiendo → 2.1
¿Qué es? Es una especie de ... → 16.1
tráigamelo → 24.4, 24.7
una sopa fría, picante; un vino blanco
→ 21.1–3

1. Preguntar/responder

Cuando va Vd. a un restaurante, ¿toma el plato del día o el menú del día? (¿Por qué?)
Toma Vd. normalmente las cosas que le recomienda el camarero? ¿Por qué (no)?
¿Le gusta la carne? ¿Y el pescado?
¿Ha comido alguna vez un gazpacho?
¿Toma Vd. normalmente un postre? ¿Qué toma?

2. Preguntar/responder

Wählen Sie Ihr Menü im Restaurant „Los Caracoles". Der Kellner (Ihr Lehrer) gibt Ihnen Erklärungen. Vielleicht empfiehlt er Ihnen etwas. Verwenden Sie Fragen wie:

¿Qué es?
¿Tiene mucha grasa?
¿Tiene mucha cebolla (Zwiebel)?
¿Tiene mucho ajo?
¿Es muy picante?
¿Tengo que esperar mucho?

3. Sistematizar

– ¿Le traigo el postre? (Soll ich ...?)
– Sí, **tráigamelo**.

¿Le traigo la fruta?
¿Le explico el menú?
¿Le explico cómo va a la estación?
¿Le traigo el café?
¿Le apunto la dirección de esa tienda?
¿Le llamo el taxi?

4. Sistematizar

Sie haben schon oft in dem Restaurant gegessen und wissen, was gut ist.
– ¿Me recomiendas el menú?
– Sí, **te lo recomiendo**./No, **no te lo recomiendo**.

el plato del día
la ternera asada
el pollo
la sopa de pescado
el helado
el queso
la ensalada
el vino de la casa

5. Sistematizar

Diga Vd. cosas que hace generalmente o muchas veces.

saber, ver, estar, traer, ir, dar, salir, poner, tener, ser, venir, hacer, decir, oír

3 No tengo hambre

lo que tengo es ... → 29.3
el hambre (f.); mucha hambre → 19.4
lo mejor → 19.2

1. Preguntar/responder

¿Qué come Vd. en invierno?
Y en verano, ¿come lo mismo?
¿Tiene Vd. a veces mucha hambre y a veces poca? ¿De qué depende?
¿Bebe Vd. lo mismo en invierno que en verano?

2. Usar frases útiles

Queremos hacer una fiesta (Party). Vamos a decir cada uno (jeder) las bebidas o cosas de comer que podríamos traer o preparar:

Lo que podríamos preparar es ... (una sangría).
Lo que a mí me gustaría es ... (preparar un gazpacho).

3. *Comunicarse*

Diga Vd. algo sobre lo que le sugiere esta persona.

¿Qué es este señor?
¿Cuál es su situación familiar?
¿Qué está haciendo?
¿Cómo es?

¿Qué edad tiene?
¿Cuál es el momento del día en que está hecha la foto?

Si esta foto es parte de un anuncio, ¿de qué podría ser el anuncio?
Intente poner una frase para completar el anuncio.

4 En un bar

rico: riquísimo → 21.8
se lo, se la, se los, se las → 24.4

1. Preguntar/responder

¿Tiene Vd. mucha sed, generalmente?
¿Bebe mucho?
¿Qué bebe con la comida?
Y cuando sólo tiene sed, ¿qué prefiere beber?
¿Y qué toma cuando se reúne con sus amigos?
A mí me gusta mucho el vino seco, ¿y a Vd.?
A mí no me gusta el vino dulce, ¿y a Vd.?
¿Ha probado alguna vez una sangría? ¿Qué le parece?
¿Sabe hacer alguna bebida especial?
Por la tarde, ¿toma café o té?
¿Cómo toma el café? ¿Lo toma con azúcar?
¿Cómo toma Vd. el té?
¿Bebe Vd. algo cuando ve la televisión, por la noche?

2. Sistematizar

se lo / se la / se los / se las

Si le pide un amigo el coche para hacer un viaje, ¿se lo deja Vd.?
Si su hermano le pide la bicicleta, ¿se la deja Vd.?
Si su hermano le pide mil marcos/francos, ¿se los deja Vd.?
Si un amigo español le pide mil pesetas, ¿se las deja Vd.?
Si ve una revista que le va a interesar a su madre, ¿se la compra Vd.?
Si ve Vd. a alguien con muy mala cara, ¿se lo dice Vd.?
Si le preguntan en la calle cómo se va a algún sitio, ¿se lo explica Vd.?
Si un compañero ha olvidado su bolígrafo (Kugelschreiber) y Vd. tiene uno que no necesita de momento, ¿qué hace Vd.?
Si Vd. tiene una revista que le interesa a una compañera, ¿qué hace Vd.?
Si un amigo extranjero busca una buena librería en su ciudad, y Vd. conoce una, ¿qué hace Vd.?
Un amigo quiere ir a Perú. Vd. tiene varios libros sobre Perú. ¿Qué hace Vd.?
Un amigo quiere ir a España en coche. Vd. tiene una buena guía de España. ¿Qué hace Vd.?
Un amigo quiere ir a Madrid y Vd. conoce allí un hotel barato. ¿Qué hace Vd.?

5 El aceite de oliva

1. Comprender

Selbst wenn Sie nicht alles verstehen, werden Sie doch die wichtigsten Gedanken aus dem Text mitbekommen. Fassen Sie sie kurz – zuerst in Ihrer Muttersprache – zusammen.
Antworten Sie dann auf diese einfachen Fragen im Sinne des Textes:

El aceite de oliva, ¿es algo nuevo en la cocina de España?

¿Hay olivos en América? ¿Desde cuándo?
¿Se necesita aceite de oliva para la buena cocina?
¿Es sano (gesund) comer platos preparados con aceite de oliva?
¿Hay muchos enfermos en España porque se come mucho aceite allí?
¿Se vende aceite español en muchos países?
¿Se controla la calidad del aceite español?

Y a Vd. personalmente, le gusta la comida preparada con aceite?

2. Preguntar/responder

¿A Vd. le gusta guisar (kochen)?
¿Le molesta tener que guisar todos los días?
Para Vd., ¿es un arte (Kunst) guisar? ¿O simplemente un trabajo?

¿Es importante para Vd. la buena comida?
¿Tiene que ser cara la buena comida?
¿Le gusta la comida sencilla (einfach)?
¿Le gusta más comer en un restaurante o en casa? ¿Por qué?
¿Tiene Vd. alguna especialidad que prepara cuando invita a gente?
¿Hay alguna especialidad en la ciudad donde vive?
¿Cree Vd. que, en general, la gente come demasiado?
¿A Vd. le gusta mucho comer?
¿Le gusta comer mucho (o poco)?
Cuando va Vd. de viaje, ¿le gusta probar cosas nuevas?
¿Hay tapas aquí, en este país?
¿Qué tipo de cocina prefiere: la china, la francesa, la inglesa, la alemana, la austríaca?

B Zusammenfassung

Wichtige Ausdrucksmöglichkeiten, die Sie kennengelernt haben:

Einige Bitten im Restaurant oder sonstwo.	Tráigame ... Tráigamelo.
Aufzählen: zuerst ..., dann ...	Primero ..., luego ..., después ..., (y al final ...).
Eine Aussage betonen.	Lo que tengo es una sed enorme.
	Lo que me interesa saber es ...
Von einer Notwendigkeit sprechen, die für mehrere oder alle gilt.	Hay que saberlo.

Sie kennen schon fast alle Verben, die in der Ich-Form (1. Person Singular) die Endung -go haben:
tengo, salgo, traigo, digo, hago, oigo, vengo (kommen), *poner – pongo* (stellen, legen).
Das eingeschobene -g- erscheint auch im Imperativ (Aufforderung) für Vd./Vds. wieder:
tenga Vd. paciencia – haben Sie Geduld, *salga Vd., traiga Vd. la cuenta, no diga Vd. eso, no lo haga, oiga Vd.*

C Übungen zur Wiederholung

1.

Sprechen Sie (oder schreiben Sie) zu zweit kurze Dialoge nach dem Muster:

explicarme el problema
– ¿Me explicas el problema?
– Sí, te lo explico.

a. explicarme ese plan
b. decirme el precio
c. recomendarme ese hotel
d. recomendarme esa pensión
e. comprarme esa revista
f. decirme la palabra española
g. decirme cómo se escribe
h. explicarme qué quiere decir esta palabra
i. decirme dónde está la parada del autobús

2.

Machen Sie die Übung C1 jetzt nach folgendem Muster:

explicarme el problema
– ¿Me explica Vd. el problema?
– Sí, se lo explico.

3.

qué / lo que

a. – Vd. conoce Lima, ¿verdad?
   ¿_____ hotel puede Vd. recomendarme? _____ me interesa es un hotel bueno, pero no muy caro.
b. – _____ en Madrid no me gusta es el tráfico. Es horrible.
   – Pero, ¿_____ quiere Vd.? Madrid es una gran ciudad.
   _____ se podría hacer sería una zona sin coches, en el centro ...

4.

a – de – por – en

a. ¿Vamos a llegar _____ tiempo? No quiero volver _____ llegar tarde, como el otro día.
b. _____ momento tengo muy poco dinero.
c. ¿Cuándo podemos vernos? ¿El martes, _____ ejemplo? El martes, _____ acuerdo.
d. – Hay buenos restaurantes _____ aquí. ¿No va Vd. a comer? Yo voy _____ todas formas.
   – Sí, _____ realidad también tengo que comer. _____ veces no como, pero hay que comer.

5.

A ver si Vd. sabe lo que podría decir en esta situación.

Sie stehen am Omnibusbahnhof (el terminal de autobuses).
– Fragen Sie, wann der Bus nach Torrelodones geht.
– A las 16.30.
– Fragen Sie, wieviel Uhr es jetzt ist.
– Las cuatro menos cinco.
– Sagen Sie Ihrem Freund, wann der Bus fährt und wie lange Sie noch Zeit haben.

Sagen Sie ihm, daß Sie ihn morgen gern wiedersehen würden.
Fragen Sie ihn, ob er weiß, wo die Banco de Vizcaya ist. Gegenüber ist ein Café.
Schlagen Sie ihm vor, daß Sie sich dort um 13.30 sehen.
Fragen Sie ihn, ob er einverstanden ist oder einen anderen Vorschlag hat.
Sagen Sie ihm daß der Bus schon angekommen ist und daß Sie gleich weg müssen. Verabschieden Sie sich.
Was hätten Sie sonst noch gern gesagt? Spielen Sie die Szene gemeinsam.

6.

¿Qué pasa en este momento?
¿Cómo se explica lo que está pasando?

▼

Lección 12

A Übungen zu den einzelnen Texten

1 ¿Quiere que le deje algo?

> lo mismo → 19.2
> no se preocupe → 12.3
> dejar: deje (Presente de subjuntivo) → 6.1
> querer que + subjuntivo → 6.3

1. Preguntar/responder

Cuando a tu amigo no le queda dinero, ¿le dejas algo?
Cuando a ti no te queda dinero, ¿pides algo a tu amigo?
¿Tienes suficiente dinero de momento?
¿Tienes suficiente sitio en tu habitación?
¿Tienes suficiente tiempo?

2. Sistematizar

Uno del grupo (o el profesor) viene a su ciudad a pasar el fin de semana. Los otros le preguntan qué cosas prefiere hacer. El va a explicar qué prefiere y por qué.

– ¿**Quieres que te prepare** algo?/¿**Quieres que te preparemos** algo para cenar?

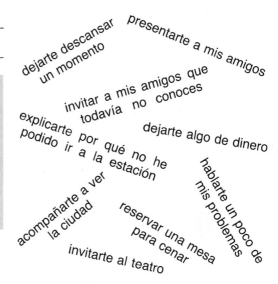

- dejarte descansar un momento
- presentarte a mis amigos
- invitar a mis amigos que todavía no conoces
- explicarte por qué no he podido ir a la estación
- dejarte algo de dinero
- acompañarte a ver la ciudad
- reservar una mesa para cenar
- hablarte un poco de mis problemas
- invitarte al teatro

2 Si quiere, le acompaño

> le/lo acompaño → 24.1
> me interesaría → 10.1, 10.3

1. Preguntar/responder

¿Dónde compra Vd. las entradas para el teatro o los conciertos en nuestra ciudad?
¿Las compra normalmente mucho tiempo antes?
¿Se puede reservar entradas por teléfono?

¿Cómo se informa Vd. si hay un concierto que a lo mejor le interesa?
¿A qué conciertos va Vd.?
¿Qué cantantes o instrumentalistas le gustan más?
¿Son caras las entradas para los conciertos?
¿Cuánto cuestan?
¿A qué hora empiezan los conciertos normalmente?

2. Usar frases útiles

Ahora, pregúntenle Vds. al amigo que ha llegado para el fin de semana si quiere hacer estas cosas:

ir de paseo
Si quieres, vamos de paseo./**Si te parece,** vamos de paseo.

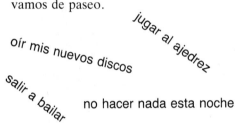

3 ¿Quiere que le acompañe?

querer que + subjuntivo → 6.1, 6.3
ir: vaya (Presente de subjuntivo)
  → 3.7

1. Sistematizar

Bieten Sie einem Kollegen Ihre Hilfe an. Ofrezca a su compañero hacer algo por él.

— Voy a apuntar algunas cosas que tenemos que hacer.
— **¿Quiere que las apunte yo?**

reservar los billetes del avión
informarse a qué hora llega el avión
quedarse para esperar a los otros del grupo
preparar el viaje
pasar por la estación
preguntar a qué hora hay un tren
hablar con los otros del grupo
encargar esa guía
contestar una carta que ha llegado de Madrid
buscar libros sobre México
llamar al hotel Europa
preparar los documentos para mañana
explicarle todo a la Señora Vázquez
comprar papel (Papier)

2. Sistematizar

In der vorangehenden Übung 2 zu Text 2 können Sie jetzt Ihre Vorschläge auch so formulieren:

— **¿Quieres que vayamos de paseo?** ¿Qué te parece?

3. Comunicarse

¿Qué le sugiere este anuncio? ¿En qué le hace pensar?

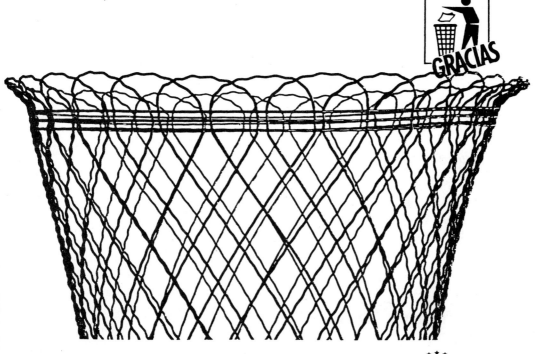

Lección 12

4 No se moleste Vd.

> sacar: saquemos (Presente de subjuntivo) → 6.1

1. ⌜Expresarse⌐

A wiederholt einige Angebote aus der vorangegangenen Übung 1 zu Text 3. B kann darauf eine dieser Antworten geben:

– No se moleste./No se preocupe./Muchas gracias, lo voy a hacer yo mismo./No, déjelo, muchas gracias.

5 Comprensión auditiva

> lo que le dicen → 29.3

1. ⌜Preguntar/responder⌐

¿Le pasa a Vd. a veces lo mismo que a la chica que ha olvidado algo en el hotel?
¿Qué ha olvidado Vd. alguna vez?
Y después, ¿Vd. ha pasado por el hotel?
¿O se lo han mandado (geschickt)?

6 ¿Puede Vd. hacer algo por él?

> hacer algo por una persona → 31.3

1. ⌜Sistematizar⌐

A ver si Vds. pueden hacer algo por mí:

¡No me queda dinero!
¡Huy!, mi tren sale en diez minutos ...
No sé si van a tener mesas libres en el restaurante esta noche ...
No me gusta cenar solo/sola en un restaurante ...
No me gusta ir solo/sola a casa.
¡Ay, qué dolor de cabeza tengo!
Todavía no sé a qué hora empieza el concierto ...
¡Ay, qué sed tengo!
Tengo un hambre que no puedo más ...
Me están esperando, tengo que ir de prisa ...

7 El folklore musical en los Andes

> ser: ha sido → 3.14
> el siglo XVI (dieciséis) → 23.3
> son de gran belleza → 31.6

1. ⌜Preguntar/responder⌐

¿Qué tipo de música prefiere Vd.?
¿Qué instrumento musical toca Vd.?
¿Tiene Vd. muchos discos y cassettes?
¿Tiene algún disco de música latinoamericana o española?
¿De qué músicos o de qué grupos?
¿Tiene un tocadiscos (Plattenspieler) o un cassette (Kassettenrecorder)?
¿Le gusta oír música cuando va en coche?
¿Puede Vd. trabajar con música?

B Zusammenfassung

Wichtige Ausdrucksmöglichkeiten, die Sie kennengelernt haben:

Anbieten, etwas zu tun.	¿Quiere que le lleve a casa?
Freundlich ablehnen.	Gracias, no se moleste Vd.
	Es Vd. muy amable, pero ...
Bedauern ausdrücken.	Desgraciadamente no puedo. Lo siento.

Sie kennen verschiedene spanische Entsprechungen für das unpersönliche „man":

¿Cómo se escribe?	Wie schreibt man das?
Se habla español.	Man spricht spanisch.
Cuando uno tiene dinero, ...	Wenn man Geld hat, ...
Hay que llamar al médico.	Man muß den Arzt rufen.

C Übungen zur Wiederholung

1.

Machen Sie sich gegenseitig Angebote:

apuntarle mi número de teléfono
— Si quiere, le apunto mi número de teléfono.

a. apuntarle mi número de teléfono
b. buscarle trabajo
c. comprarle los libros que necesita
d. empezar a trabajar con Vd.
e. escuchar la radio para saber qué tiempo va a hacer
f. esperarle en el bar de enfrente
g. ir a hablar con Carmen

Machen Sie sich jetzt die gleichen Angebote in anderer Form:

apuntarle mi número de teléfono
— **¿Quiere que le apunte** mi número de teléfono?

2.

Machen Sie sich wieder Angebote, diesmal per du:

llamarte por teléfono
— Si quieres, te llamo por teléfono ...

a. llamarte por teléfono en una hora
b. marcharme
c. quedarme
d. preguntar otra vez (noch einmal)
e. recomendarte un hotel barato
f. dejarte dos mil pesetas
g. desayunar mañana contigo (mir dir)
h. pasar por tu casa a buscarte
i. esperarte en el aeropuerto

Wieder machen Sie die gleichen Angebote in anderer Form:

llamarte por teléfono
— **¿Quieres que te llame** por teléfono?

3.

Sagen Sie, daß Sie diese Dinge *auf alle Fälle* machen werden:

— ¿Quién va a cambiar dinero?
— Yo voy a cambiar **de todas formas**.

a. ¿Quién va a la estación?
b. ¿Quién hace esa excursión?
c. ¿Quién tiene que ir a la estación?
d. ¿Quién ve la televisión esta noche?
e. ¿Quién sale a cenar?
f. ¿Quién vuelve hoy?

4.

Sagen Sie, wer alles von Ihnen irgendwo hingebracht werden will, z. B.:

Paco tiene que ir a la estación y **quiere que lo lleve yo**.

a. Carmen tiene que pasar por el banco y _____ .
b. Mis amigos no encuentran un taxi. Ahora _____ .
c. Mi padre tiene que visitar a alguien en el hospital y _____ .
d. Mis hijas van a bailar y _____ .
e. ¿Adónde tienes que ir? ¿A casa? ¿_____?
f. ¿Adónde vais? ¿Al teatro? ¿_____?
g. Mis amigos van a la playa y _____ .

5.

A ver si Vd. sabe qué decir en esta situación.

— Sie rufen einen Freund in Spanien an, zu dem Sie zwei Wochen fahren wollten.
Sie sagen ihm, daß Sie krank gewesen sind und nicht fahren können.
Es geht Ihnen schon besser, aber der Arzt hat gesagt, Sie müssen noch 3 bis 4 Tage zu Hause bleiben.
Fragen Sie, wie das Wetter in San Sebastián ist, ob die Sonne scheint, ob es warm ist.
Sagen Sie, daß hier das Wetter sehr schlecht ist. Es regnet viel, manchmal schneit es. Es ist auch sehr windig.
Aber das Radio sagt, daß es nächste Woche schön sein wird.
— Pero, hombre, si ya estás mejor, puedes venir pronto, ¿no?
— Sagen Sie ihm, Sie könnten nicht vor Dienstag oder Mittwoch fahren.
Sie könnten dann nicht länger bleiben.
Für so wenige Tage lohnt es sich nicht. Sie müssen auf alle Fälle am Sonntag zurückkommen.
Sagen Sie, daß es Ihnen sehr leid tut, aber daß es wirklich (de verdad) unmöglich ist.
— Bueno, ¡qué le vamos a hacer! Entonces, ¡que te mejores! (Gute Besserung!)

Lección 13

A Übungen zu den einzelnen Texten

1 En una librería

> los libros los tenemos → 24.7
> ahora mismo → 22.3

1. Sistematizar

Sagen Sie, daß Sie einen der beiden Gegenstände haben, den anderen nicht, z. B.:

– ¿Tiene Vd. los libros y la guía?
– La guía la tengo, los libros, no. / Los libros los tengo, la guía, no.

el periódico y la revista
los billetes y el horario
las pesetas y los francos franceses
el disco y las fotos
el vino y las aguas minerales
la cassette y los discos
las entradas y el programa
la dirección y el número de teléfono

2 En el mercado del puerto

> ¡qué mariscos tan frescos! → 28.4
> acaban de llegar → 22.5
> hace una hora → 31.4

1. Preguntar/responder

¿Qué cosas acaba de hacer Vd. antes de entrar en clase?
¿Y qué ha hecho Vd. hace algunos días?
¿Cuánto tiempo hace que Vd. vive en esta ciudad?
¿Cuánto tiempo hace que ha empezado la clase?
¿Cuánto tiempo hace que Vd. ha estado en España?

2. Preguntar/responder

¿Ha subido la vida últimamente aquí?
¿Qué cosas han subido? ¿Qué ha subido más?
¿Cuánto cuesta la gasolina?
¿Ha subido el pan? ¿Cuánto cuesta?
¿Ha subido el autobús? ¿Cuánto cuesta?
¿Han subido los discos? ¿Cuánto cuesta un disco?
¿Cuánto cuesta un café?
¿Cuánto cuesta entrar en una discoteca?

3. *Comunicarse*

Diga Vd. algunas cosas que le sugieren estas manos.

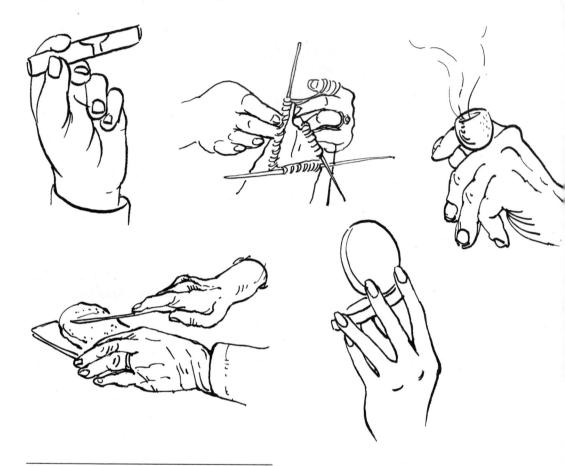

3 A ver qué tenemos que comprar

1. *Expresarse*

Haga Vd. una lista de las cosas que compra
- cuando va al supermercado
- cuando va de excursión
- cuando invita a alguien a tomar café
- para Navidad
- cuando va de viaje en coche y quiere comer algo sin pararse (ohne anzuhalten).

Comenten las listas en pequeños grupos.

Las tiendas donde compra Vd. esas cosas, ¿están cerca de su casa?

Va Vd. a la compra en coche, en bicicleta o a pie (zu Fuß)?

4 ¿Nos pone 200 grs. de jamón?

un cuarto de kilo → 23.3

1. *Preguntar/responder*

Cuando Vd. va de viaje, ¿dónde o cómo prefiere comer?
¿Le gusta más comprar en tiendas pequeñas o en grandes almacenes?

¿Qué venden en las tiendas que venden «de todo»?
¿Qué venden en las estaciones de servicio de las grandes carreteras (Straßen)?
¿Qué se puede comer en los restaurantes de autoservicio en las carreteras?

Generalmente, ¿de cuántos litros son los paquetes de leche?
¿De cuántos kilos son los paquetes de azúcar que compra Vd.?
¿De cuántos gramos son los paquetes de sal?
¿De cuántos gramos o kilos son los paquetes de mantequilla?
Cuando Vd. entra en una tienda y quiere comprar estas cosas, ¿qué dice?

2. A *Sistematizar*

Vd. mira sólo este dibujo, su compañero mira sólo el dibujo de la página 113. Cuéntele qué hay, dónde están las cosas y de qué cantidad o de qué precio son. Apunten Vds. las diferencias.

Lección 13

5 Es para un regalo

envolver: envuelvo → 2.2

1. Comunicarse

Pregúntense unos a otros qué regalos les gustaría recibir (bekommen).
Si les falta alguna palabra, pregúntenle a su profesor.

2. Sistematizar

¿Qué contesta Vd. al señor de la tienda cuando le dice esto?:

¿Se lo meto en una bolsa de plástico?
¿Se lo envuelvo en un papel bonito?
¿Se lo mando a casa?
¿Se lo meto en su bolsa?
¿Se lo preparo ahora mismo?
¿Se lo llevo al coche?
¿Se lo traigo de la otra tienda que tenemos?
¿Se lo cambio por otro más grande?

7 Gazpacho andaluz

1. Distinguir

El ajo **se pone** en el mortero. La botella **se mete** en la bolsa.

Voy a ...

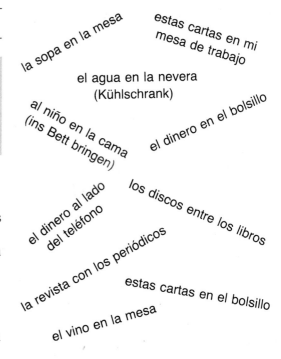

la sopa en la mesa
estas cartas en mi mesa de trabajo
el agua en la nevera (Kühlschrank)
al niño en la cama (ins Bett bringen)
el dinero en el bolsillo
el dinero al lado del teléfono
los discos entre los libros
la revista con los periódicos
estas cartas en el bolsillo
el vino en la mesa

8 Canción popular española

1. Comprender

¿Qué quieren decir las cuatro primeras líneas de la canción?
¿Por qué no quieren que todo el mundo diga que se quieren?

9 El alegre día de los muertos

se ven flores; se oyen campanas;
se hacen visitas → 24.5

112   Lección 13

1. Comprender

No es necesario conocer cada palabra para entender (más o menos) un texto.
¿Qué entiende Vd. del primer párrafo (Absatz)?
El segundo párrafo es más difícil, ¿no? Pero buscando en el Vocabulario algunas palabras (costumbre, campana, flor, sentarse) lo va a entender.

El día de los muertos, ¿es igual aquí?

¿Los niños reciben juguetes ese día?
¿Cuándo reciben juguetes aquí?
¿Con qué comparan los indios la vida? ¿Le gusta a Vd. la comparación?
¿Le gustan también los regalos que reciben los niños mexicanos?
¿A quién invitan los indios de algunos pueblos el día de los muertos?
¿Qué hacen con la comida reservada a los muertos?
¿Cuándo se reúnen aquí las familias a comer?

2. B Sistematizar

Vd. mira sólo este dibujo, su compañero mira sólo el dibujo de la página 111. Cuéntele qué hay, dónde estan las cosas y de qué cantidad o de qué precio son. Apunten Vds. las diferencias.

Lección 13

B Zusammenfassung

Haben Sie alle Wörter für Lebensmittel kennengelernt, die Ihnen persönlich wichtig sind?

Wichtige Ausdrucksmöglichkeiten:
Sagen, was *gerade* passiert ist.   Pepe acaba de llegar.
Sagen, wie lange etwas her ist.   ¿Cuánto tiempo hace? Hace una hora.
Nach dem Preis fragen.   ¿Cuánto cuesta?
Sicherheitshalber zurückfragen.   ¿Cómo ha dicho?

Folgende Anwendungen der Präposition **por** kennen Sie bereits:
- por la mañana, por la tarde, por la noche (aber: a las 6 **de** la tarde)
- por teléfono, por correo, mandar por avión (aber: ir **en** avión)
- por aquí: ¿Hay por aquí una farmacia?
- pasar por: Voy a pasar por el Banco.

C Übungen zur Wiederholung

1.

se lo / se la / se los / se las

– ¿Tiene Vd. la dirección del señor A.?
– (dar) Se la doy enseguida.

a. – ¿Tiene Vd. un libro sobre Perú? – (enseñar)
b. – ¿Tiene Vd. las revistas que le he encargado? – (traer)
c. – ¿Sabe Vd. dónde están las llaves de la casa? – (buscar)
d. – ¿Tiene Vd. la carta del señor Mihura? – (dar)
e. – ¿Me deja ver la guía de México que ha comprado? – (dar)
f. – ¿Me deja Vd. su guitarra para tocar? – (traer)
g. – ¿Me deja ver la cassette que acabamos de oír? – (enseñar)

2.

Fragen Sie sich gegenseitig und antworten Sie.
traer el vino
– ¿Has traído el vino?
– El vino lo traigo después.

a. comprar el queso
b. encargar la paella
c. traer las aspirinas
d. comprar los libros sobre Perú

e. hacer la ensalada
f. comprar las aceitunas
g. ir a buscar las fotos y diapositivas

3.

acabo de hacerlo

– ¿Han llegado los señores Arévalo?
– Sí, acaban de llegar.

a. ¿Has hablado con el señor A.?
b. ¿Ha llamado mi padre por teléfono?
c. ¿Has apuntado la dirección del hotel?
d. ¿Te has comprado este coche?
e. ¿Te ha dado mi hermano la llave?
f. ¿Vds. han llegado hoy?
g. ¿Los han invitado los señores A.?

4.

Sagen Sie, wie lange es her ist, daß ...

– El tren ha llegado a las 17.00. Ahora son las 17.05.
– Entonces ha llegado hace 5 minutos.

a. El tren ha llegado a las 16.15. Ahora son las 17.15.
b. El avión ha salido a las 10.35. Ahora son las 11.00.
c. El cine empieza a las 23.00. Ahora ya son las 23.30.
d. El banco cierra siempre a las 16.00. Ahora ya son las 16.15.
e. El autobús llega a las 12.50. Ahora es la una (son las 13.00).

5.

desde luego – desgraciadamente – de vez en cuando – en realidad – entonces – sobre todo

a. – Me gusta la ciudad, _____ la catedral. _____, es lo único que hay que ver.
b. – ¿_____ no le gusta el museo?
c. – Sí, _____ también me gusta y voy a verlo _____. De momento, _____ mi mujer está enferma y no podemos hacer nada ...

6.

A ver si Vd. sabe qué decir en esta situación.

– ¿Qué vas a hacer el fin de semana?
– Sagen Sie, daß es aufs Wetter ankommt.
– Pues, yo, cuando llueve, me joroba el plan y no salgo ni a tiros.
– Sagen Sie ihm, daß Sie nicht ganz verstanden haben.
 Fragen Sie, ob er meint, daß er nicht gern fortgeht, wenn es regnet.
 Sagen Sie, daß man vieles machen kann, ohne aus der Stadt hinauszufahren, und ob er das nicht auch findet.
 Sagen Sie, daß Sie auf alle Fälle am Sonntag zu Hause sein müssen, weil Ihre Eltern kommen.

Lección 14

A Übungen zu den einzelnen Texten

1 Carta a un hotel

Muy señor mío:/Muy señores míos:
→ 26.2
(el) 25 de enero de 1988 → 23.2
los dos → 23.1

1. Preguntar/responder

¿Qué día es hoy? ¿Y el próximo sábado?
Y el miércoles próximo, ¿qué día es?
¿Qué día es su cumpleaños (Geburtstag)?
¿Y su santo (Namenstag)?
¿Qué día empiezan las próximas vacaciones?
¿Qué día va a irse Vd. de viaje o de vacaciones?
¿Qué día va a volver?
¿Qué días empiezan la primavera, el verano, el otoño y el invierno?

LUNES 9	MARTES 10	MIERCOLES 11	JUEVES 12	VIERNES 13	SABADO 14
(03) MARZO	(03) MARZO	(03) MARZO	(03) MARZO	(03) MARZO	(03) MARZO
Dominante*	Dominante	Dominante	Dominante	Dominante	Dominante
Tx : 68	Tx : 69	Tx : 70	Tx : 71	Tx : 72	Tx : 73

8
—30—
9
—30—
10
—30—
11
—30—
12
—30—
13
—30—
14

2. Expresarse

Mire Vd. en su agenda (Taschenkalender):

¿Qué día de la semana es el 12 (el 15, el 19, el 25, el 30) de este mes?

¿Qué día de la semana es el primero (el dos, el 7, el 11, el 13, el 18, el 21, el 26, el 29) de diciembre de este año?

¿Qué días de la semana va Vd. al curso de español?

¿Qué otros días de la semana hace Vd. algo con regularidad? ¿Qué hace? (Los lunes ...).

3. Expresarse

Escriba Vd. una carta a un hotel, para reservar habitación.

Muy Señores míos: ...

Atentamente, ...

Escriba Vd. una carta a un amigo. El quería (wollte) visitarle la semana que viene, pero Vd. no va a estar. ¿A lo mejor puede venir él más tarde?

Munich, 12-11-1994

Querido Pedro:

....
....

Un abrazo

Escriba Vd. tres líneas a un amigo/una amiga. Tiene Vd. dos entradas para un concierto o un teatro para la semana que viene. Invítelo/invítela.

4. Preguntar/responder

¿Tiene alguien el programa de los teatros de esta ciudad (o de los teatros que hay más cerca)?

¿Qué obras de teatro (Stücke) ponen? ¿En qué días? ¿Qué días de la semana son?

¿Qué películas ponen esta semana en la televisión? ¿En qué días?

2 En el hotel

estoy seguro → 16.2
es la primera vez → 16.1
había escrito (Pretérito pluscuamperfecto) → 7.1
escrito → 14.2
el primer piso → 23.3

1. Expresarse

¡Esto no puede ser! Le había dicho claramente que...

Hagan Vds. pequeñas conversaciones:

Lección 14

– Uno protesta en un camping por la música demasiado alta.
– Uno protesta por el coche de otro aparcado en un sitio reservado.
– Uno protesta por el ruido de una fiesta en el piso de arriba.
– Uno protesta por los niños que juegan y molestan cuando quiere dormir.
– Uno protesta por la guitarra, la flauta o el piano a la hora de la siesta.

2. *Expresarse*

Explica por qué has hecho estas cosas, diciendo lo que **había pasado** antes.

¿Por qué has protestado en el hotel?
¿Por qué no te han reservado la habitación?
¿Por qué has reservado en el hotel Carlos I?

3. *Comunicarse*

Explique Vd. quién vive en su casa en el primer piso, en el segundo piso, etc.
¿Y qué hay en su calle, en la primera casa, en la segunda, en la tercera (a la derecha, a la izquierda)?

3 ¿Es suyo?

es (el) mío, tuyo, suyo, nuestro, vuestro, suyo → 26.2
abrir: abra (Presente de subjuntivo) → 6.1
vuelva, haga, traiga → 6.2

1. Preguntar/responder

Recojan Vds. (sammeln Sie) diferentes cosas de la clase. Después, pregunten unos a otros:

– ¿Es suyo este …? ¿Son suyos?
 ¿Es suya? ¿Son suyas? ¿De quién es?
 ¿Es del señor X.? ▼

2. ⌈Expresarse⌋

A pregunta. – ¿Es suyo ...? ¿Es tuyo ...?., y explica por qué pregunta: Le gusta o le interesa o necesita esa cosa, y quiere que se la deje unos momentos.
B dice si las cosas son suyas (o de quién son) y si se las puede dejar o no.

3. ⌈Sistematizar⌋

Bieten Sie Ihrem Freund an, ihm eine Arbeit abzunehmen:

hacer esto
¿Quieres que yo haga esto (por ti)?

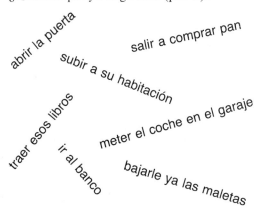

abrir la puerta
subir a su habitación
salir a comprar pan
traer esos libros
ir al banco
meter el coche en el garaje
bajarle ya las maletas

4. ⌈Sistematizar⌋

Sie können vorschlagen, ein paar Dinge gemeinsam zu tun:

hacer esto
¿Queréis que hagamos esto?

hacer algo esta tarde
oír música
no decir nada de todo esto
beber algo
meter el paquete en el coche
envolver ya los regalos
leer el programa
abrir la ventana
comer juntos
reunirse con algunos amigos

4 No importa

nos podría limpiar / podría limpiarnos
→ 24.8
poner: puesto → 14.2
lo limpio todo; tráigale al niño
→ 24.7

1. ⌈Usar frases útiles⌋

Cada uno piensa (jeder denkt sich aus) tres o cuatro cosas que podría pedirle por favor a otro del grupo:

Lección 14   119

Por favor, ¿podría Vd.....?

Por favor, ¿podrías...?

Sí claro.

Lo siento mucho, pero...

No importa, no se preocupe.

Estupendo, gracias.

Aquí hay algunas ideas para estas conversaciones:
Vd. quiere que su compañero ...
le deje algo de dinero
le lleve a casa en su coche
le venga a ver mañana
le traiga la próxima vez unos discos españoles
le diga cuánto cuestan las entradas del concierto
trabaje con Vd. en grupo, para aprender mejor
saque las entradas para el concierto del viernes
se quede un poco más para hablar de algunas cosas
pase mañana por su casa
le mande por correo la cassette que le había dejado
le llame mañana por la tarde

5 Servicios: caballeros, señoras

1. Preguntar/responder

Cuando Vd. tiene que subir al primer piso de una casa, ¿sube en ascensor (Lift) o por la escalera?
Cuando tiene que bajar del tercer piso, ¿baja Vd. en ascensor o por la escalera?
¿Cuándo va Vd. a pie y cuándo va en coche?

Préguntense unos a otros cómo se va, en la casa donde están dando la clase, a los servicios – a la puerta de salida – a la cafetería (si hay una) – al próximo teléfono.

6 En un restaurante

¿le doy esto? → 17.1
¿qué te parece? → 28.8

1. Usar frases útiles

¿Qué cosas son necesarias? ¿Qué hay que hacer ...?
para no tener que esperar en el médico
para no estar cansado
para encontrar un piso o una habitación
para tener buenos amigos
para aprender a entender un idioma
para no tener problemas en el extranjero
para conocer bien una ciudad
para comprar cosas a buen precio

7 Se han equivocado

1. ⌈Expresarse⌋

¿Qué dice Vd. cuando no está de acuerdo con algo?
¿Qué le dice al camarero cuando ha puesto en la cuenta algo que no ha tomado Vd.?
¿Y cuando le pone 800 pesetas por algo que en el menú pone 600?
¿Y cuando le pone 800 pesetas por algo que en el menú pone 1.000?

8 Una reclamación

1. ⌈Comunicarse⌋

Cuente Vd. (erzählen Sie) lo que no funciona bien o lo que no le gusta en su piso/ en su habitación.

2. ⌈Expresarse⌋

Llamen Vds. a la central de un hotel y pregunten algunas cosas. (Uno de Vds. o el profesor les puede contestar desde la central). Ejemplos:

No se puede abrir la ventana.
Vd. tiene frío y quiere una manta (Decke) más.
Vd. quiere dormir y en la habitación de al lado no paran de hablar (hören nicht auf).
Vd. quiere levantarse temprano.
Quiere telefonear al extranjero.
Quiere que le traigan el desayuno a la habitación.
Quiere otra habitación porque se oye demasiado ruido (Lärm) de la calle.
A lo mejor llama Vd. por otra cosa ...

3. ⌈Expresarse⌋

¿Qué pregunta Vd. si no ha oído o entendido bien las palabras en cursiva?

Llamo desde *una cabina telefónica*.
Estoy aquí desde *el año pasado*.
Desde *nuestra casa* se ve la catedral.
Desde *el mes de mayo* ya no he salido de viaje.
Me duele la cabeza desde *esta mañana*.
Desde *que tomo más fruta* estoy mucho mejor.

9 Comprensión auditiva

por carta → 31.3
nada tranquilo → 33.2

1. ⌈Sistematizar⌋

Cuando reservo hotel un mes antes, reservo _____ carta. Si hay poco tiempo, reservo _____ teléfono o _____ telegrama. Cuando escribo a América, mando la carta _____ avión.

Lección 14

2. Expresarse

Formulen Vds. primero por lo menos 10 preguntas que el empleado del hotel le contestará. Hagan las conversaciones.

	Lunes 7	Martes 8	Miércoles 9	Jueves 10	Viernes 11	Sábado 12	Domingo 13
109		Torres				Torres	
110	García				García		
111			López (con cama para niño)			López	
112	Miranda		Miranda		Redondo		(hasta día 17)
113	(desde día 31)		Blanco				
114		Otero		Otero			
115				Alonso			(hasta día 20)
116		Pozo			Pozo		
117	(desde día 2)			Sierra			

122   Lección 14

10 Puerto Rico

más numerosos que → 21.6

1. *Comprender*

No es necesario comprender cada palabra para entender el texto, en general. Hay palabras que Vd. probablemente no sabe todavía: atraer, eterno, abandonar, convierten ... Pero puede entender Vd. el texto sin mirar cada palabra en el Vocabulario.
Diga con palabras sencillas lo que dice el primer párrafo, el segundo párrafo, el tercer párrafo.

B Zusammenfassung

Wichtige Ausdrucksmöglichkeiten:
Ärger und Protest ausdrücken.

Auf einen Irrtum hinweisen.
Einem anderen recht geben.
Beruhigen, beschwichtigen.
Nach dem Eigentümer fragen/antworten.
Auf eine Entschuldigung reagieren.

Esto no puede ser. (Le he dicho claramente ...)
Ma parece que se ha equivocado Vd.
Tiene Vd. razón.
No pasa nada, no se preocupe.
¿De quién es? ¿Es suyo? — Es (el) mío.
No importa, (no se preocupe).

C Übungen zur Wiederholung

1.

Sie bitten andere um viele Dinge ...

abrir la ventana
Abra Vd. la ventana, por favor.

a. acompañarme a la estación
b. aparcar el coche aquí
c. arreglar la ducha
d. buscar el hotel
e. cerrar la ventana
f. comer con nosotros
g. darme la llave del coche
h. decirme qué hora es
i. dejarme 3.000 pesetas
j. pasar (hereinkommen)
k. envolverme la botella
l. escribirme la semana que viene

m. escucharme un momento
n. hablar más despacio
o. leer esta carta
p. levantarse mañana temprano

2.

11.12.1988 — el once de diciembre de mil novecientos ochenta y ocho

a. 1.1.1985
b. 4.3.1986
c. 7.5.1987
d. 10.7.1988
e. 25.6.1989
f. 27.2.1990
g. 30.4.1991
h. 2.9.1992
i. 1.1.2000

3.

Ponga las formas de **mío/suyo**.

a. Tengo una casa. La casa es _____ .
b. Mi amigo también tiene una casa. Es _____ .
c. Ese coche nuevo, ¿es _____ ?
d. El coche en que he venido yo no es el _____ .
e. Tengo muchas fotos de Latinoamérica. Las diapositivas que Vd. ha visto también son _____ .
f. Esas fotos, ¿son _____ , señorita?

4.

Sie gehen in ein Restaurant und erwarten noch drei Freunde, haben aber nicht bestellt.

— Was sagen Sie zum Kellner?
   Bitten Sie ihn um die Karte. Fragen Sie, was er besonders empfiehlt.
— Tome Vd. el rape, es un pescado muy rico. Es fresco, desde luego.
— Sagen Sie ihm, daß Sie nicht allzu gern Fisch essen. Fleisch ist Ihnen meistens lieber.
— Desde luego tenemos filetes muy buenos, pero seguro que le va a gustar más el rape, es la especialidad de la casa, ¿sabe Vd.?
— Sie geben nach und sagen, daß Sie den Seeteufel (rape) probieren werden.
   Zum Trinken bestellen Sie einen Weißwein, den normalen Tischwein.
   Bestellen Sie zum Nachtisch Obst (oder Käse oder Eis).
   Verlangen Sie schließlich die Rechnung.
   Sie nehmen an, daß die Bedienung inbegriffen ist. Fragen Sie aber.
   Sagen Sie, daß alles sehr gut gewesen ist.

Lección 15

A Übungen zu den einzelnen Texten

1 ¿Me enseña otro modelo?

¿cuál?, ¿cuáles? → 28.5
los que valen 5.000 → 29.2
probármelos → 24.4, 24.8
el (número) 43 → 19.6

1. *Preguntar/responder*

¿Le gusta, cuando da una vuelta, ver los escaparates?
¿Cuáles le interesan más?
Cuando quiere comprar algo, ¿mira primero en varios escaparates o entra sin más en una tienda?
¿Le gustan las tiendas en que los vendedores (Verkäufer) le preguntan qué quiere y le enseñan cosas?
¿O le gustan más las tiendas en que se puede mirar y probarse algo sin preguntar?
¿Cómo le explica a la vendedora de la tienda qué zapatos del escaparate quiere probarse?

2. *Comunicarse*

¿Cómo se imagina Vd. a estas personas?
¿Por dónde y adónde van?
¿Cuál de ellas no le gustaría ser Vd.? ¿Por qué?
¿Cuál de ellas le gustaría ser Vd.? ¿Por qué?

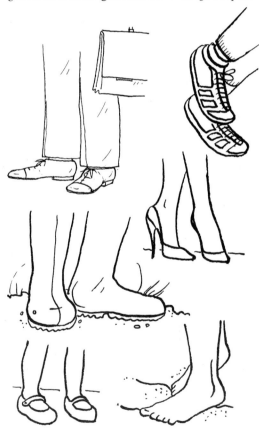

2 Por favor, ¿cuánto vale?

quisiera → 10.3
costar: cuesta; encontrar:
   encuentro → 2.2
no se llevan largos → 24.6
cuando quiera → 6.9

1. Preguntar/responder

¿Cómo le gustan a Vd. las chaquetas
los jerseys
las faldas
los pantalones
etc.?
(ancho/estrecho, largo/corto, gordo/fino, etc.).

2. Usar frases útiles

¿Cuál es...?

¿Cuál es su color favorito (Lieblings-...)?
¿Cuál es su ciudad favorita?
¿Cuál es su nombre favorito?
¿Cuál es su flor favorita?
¿Cuál es su música favorita?

3. Usar frases útiles

Hágale a su profesor algunas preguntas sobre España (o sobre el país de donde es):
Quisiera saber ...

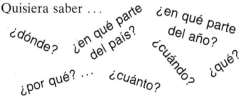

¿dónde? ¿en qué parte del país? ¿en qué parte del año? ¿cuándo? ¿qué? ¿por qué? ... ¿cuánto?

3 Tengo ganas de ...

alegrarse (de) que + subjuntivo
   → 6.4
me puedo poner/puedo ponerme
   un traje → 24.8

1. Preguntar/responder

¿Qué se pone Vd. para trabajar en casa?
¿Qué lleva Vd. en la maleta cuando va de viaje?
¿Qué se pone Vd. cuando va a una fiesta?
Explique lo que lleva Vd. ahora ...

2. Sistematizar

Digan Vds. cada uno varias cosas de que se alegran de momento.

3. Expresarse

¿Qué está pensando el hombre del número 1?
¿Qué dice el señor que está bajando del tren (número 2)?
¿Y la persona que lo recibe?
¿Qué está pensando el señor del número 3?
Los señores del número 4, ¿qué están haciendo, qué están diciendo, qué están pensando?
¿Qué hace el señor del número 5? ¿Por qué?
¿Y la señora que está en el vagón?
Los señores del número 6, ¿qué hacen?
¿Puede Vd. descubrir más cosas en el dibujo?

4 Me han recomendado una tienda

al salir → 31.8
suele venir → 22.5
no creo que + subjuntivo → 6.5
venir: vengo, venga → 6.2

1. *Usar frases útiles*

soler hacer algo

¿A qué hora suele Vd. levantarse?
¿Suele llevar muchas cosas en su maleta cuando va de viaje?
¿Y cuántas maletas suele llevar?
¿Suele Vd. tomar café o té en el desayuno?
¿A qué hora suele Vd. irse a la cama (Bett)?
¿Qué cosas suele Vd. olvidar, en general?
¿Qué cosas suele Vd. perder (verlieren)?
¿Qué otras cosas suele Vd. hacer?

2. *Distinguir*

− ¿Va a venir tu amigo?
− **Creo** que **va** a venir.
− **No creo** que **vaya** a venir.

¿Vas a ir al teatro el sábado?
¿Volvemos a vernos la semana que viene?
¿Vas a comprarte un abrigo de cuero en España?
¿Vas a cambiar de vida?
¿Tu amigo habla bien inglés?
¿Puedes quedarte media hora aquí para hablar?
¿Puedes venir con nosotros mañana?
¿Llevas suficiente dinero para ir a un buen restaurante?
¡Te equivocas!
¿Funciona el ascensor hoy?
¿Qué tiempo va a hacer mañana?
¿Va a hacer buen tiempo?
¿Va a hacer calor?
¿Va a llover?
¿Va a hacer frío?

3. Comunicarse

¿Qué tipo de personas son?
¿Cuál le parece más agradable?
¿Cuál le resulta menos agradable?

¿Con cuál de ellas preferiría Vd. tomar café? ¿Por qué?
¿De qué cree Vd. que hablaría cada una de ellas tomando café con Vd.?

4. Distinguir

Diga Vd. 5 cosas que Vd. cree (que son así, que las va a hacer, etc.).
Diga Vd. 5 cosas que no cree (que las vaya a hacer).

5—6 De colores, etc. ...

1. Preguntar/responder

¿A Vd. le gusta vestirse de muchos colores?
¿A quién le gusta vestirse de muchos colores?
¿Qué color tiene, para Vd., el amor?
¿Tiene Vd. otras asociaciones con los colores? (la alegría, la tristeza, la esperanza, la tranquilidad, etc.)

7 Eres alta y delgada

ser alto, ser delgado,
   (ser/estar gordo) → 16.2
pensar en mí, en ti, en él ... → 25.2
morirse: me muero → 2.2

1. Expresarse

Welche netten Komplimente fallen Ihnen ein? ¿Qué piropos se le ocurren a Vd.?
Eres ...
Eres como ...

B Zusammenfassung

Nach einem Gegenstand (unter mehreren) fragen.

¿Qué coche? ¿Cuál de los coches?

Fragen/sagen, aus welchem Material etwas ist.

¿De qué material? Es de lana.

Farben erfragen/angeben.

¿De qué color es? Es negro.

Etwas bezweifeln.

No creo que venga. No creo que haya venido.

Grüße bestellen.

Dale/déle recuerdos (de mi parte).
(Antwort: Gracias, de su parte.)

Freude ausdrücken.

Me alegro que haga sol.
Me alegro que haya venido.

Eine höfliche Bitte äußern.

Quisiera saber ...

C Übungen zur Wiederholung

1.

qué / cuál / cuáles

a. – ¿_____ es el color que le gusta más?
  – ¿Cómo ha dicho?
b. – Le pregunto _____ color prefiere.
c. – Bueno, depende para _____. Para los zapatos, por ejemplo, hay un color que me gusta más que todos.
d. – ¿_____? Supongo que el negro ...
e. – ¿_____ falda te vas a poner? Esa, ¿verdad?
f. – ¿_____?
g. – La roja. Me gusta mucho y te va muy bien. ¿Y _____ zapatos te pones?
h. – ¿_____ te gustan más? ¿Estos?
i. – ¿_____? Sí, ésos. Muy bien.

2.

Sie sind mißtrauisch oder pessimistisch:
No creo que ...

a. ¿Nuestros amigos nos acompañan a la estación?
b. José probablemente conoce Sevilla, ¿verdad?
c. En Sevilla podemos descansar un poco.
d. ¿El hotel cuesta lo mismo que el año pasado?
e. ¿Tu padre cena con nosotros hoy?
f. ¿Nos deja el coche para mañana?
g. Tú trabajas ahora mucho más que antes. ¿Se da cuenta tu mujer?
h. Has arreglado muchas cosas en la casa: la ducha que no funcionaba, etc. ¿Se ha dado cuenta tu madre?

3.

Sie freuen sich über alles mögliche:
Me alegro (de) que ...

a. Nuestros amigos nos acompañan a la estación.
b. Mi padre ya ha sacado los billetes.
c. En Sevilla podemos descansar un poco.
d. El hotel no cuesta mucho más que antes.
e. Salimos a las cuatro de la tarde. Antes, mi padre come con nosotros.
f. Nos ha invitado.
g. Se ha dado cuenta de que de momento no tenemos mucho dinero.
h. Incluso (sogar) nos da dinero para el viaje.

4.

Sie sind optimistisch und widersprechen dem Pessimisten:

– No creo que venga Pepe.
– **Yo (sí que) creo que viene.**

a. No creo que venga mañana.
b. No creo que tenga tiempo.
c. No creo que salga con nosotros.
d. No creo que haga el viaje con nosotros.
e. No creo que diga la verdad.
f. No creo que traiga a sus amigos.
g. No creo que conozca nuestros problemas.

5.

Vd. llama por teléfono a un amigo suyo porque le gustaría salir con él. Pero él está enfermo y está solo en casa.

— Wie schade! Es ist so schönes Wetter!
Fragen Sie ihn, ob er etwas braucht.
Fragen Sie ihn, was er hat (Schmerzen, Fieber?).
Fragen Sie ihn, ob Sie den Arzt rufen oder ihm ein Medikament (medicina) bringen sollen.
— Muchas gracias, no te molestes.
— Sagen Sie, in einem solchen Fall ist es immer besser, den Arzt zu rufen.
— No, no, luego me voy a levantar.
— Sagen Sie, wenn man Fieber hat, muß man im Bett bleiben. Wenn er will, können Sie bei ihm vorbeischauen.
— Déjalo, no es necesario.
— Sie glauben leider nicht, daß Sie morgen Zeit haben. Sie müssen verreisen (salir de viaje).
Zum Schluß wünschen Sie ihm gute Besserung: ¡Que te mejores!

Was hätten Sie sonst noch gern gesagt? Spielen Sie das Telefongespräch gemeinsam.

6.

Exprese Vd. lo más importante de cada cosa en una palabra. (Si no la sabe en español, pregunte a su profesor.)
Después de haber encontrado la palabra descriptiva más importante, explique con más detalles qué le parecen los objetos. ▼

Lección 16

A Übungen zu den einzelnen Texten

1 Espero que vengas

> esperar que + subjuntivo → 6.4
> contar: cuento → 2.2

1. Sistematizar

Su madre está de viaje por España. Diga Vd. algunas **cosas que Vd. espera**.

¿Hace buen tiempo allí?
¿No le pasa nada desagradable?
¿Vuelve pronto?
¿Le trae lo que Vd. le ha encargado?
¿Encuentra a sus amigos españoles?
¿Le falta dinero?
¿No pierde nada?
¿Tiene problemas?

2. Sistematizar

Vd. invita a otras personas a ir con Vd. al teatro. ¿Qué cosas espera Vd.?
Vd. va a una pequeña pensión que todavía no conoce. ¿Qué cosas espera Vd.?
Hace mucho tiempo que Vd. no ha visto a su amigo. ¿Qué espera Vd.?
Un amigo suyo va a terminar sus estudios el año que viene. ¿Qué cosas espera Vd.?

3. Preguntar/responder

¿A Vd. le gusta contar sus cosas?
¿Qué cuenta Vd., por ejemplo, a sus compañeros de la oficina o de la fábrica?
¿Qué le cuenta a su familia?
¿Y qué nos cuenta a nosotros, por ejemplo, de lo que ha hecho esta tarde o esta mañana? Espero que no le moleste contárnoslo ...

4. Sistematizar

Diga (o invente) 5 cosas que Vd. espera de momento.

2 El piso

> después de llamarlos → 31.8
> cada día peor → 21.9, 21.10
> tardar en llegar → 31.7
> por la autopista → 31.3
> lo que más me gusta → 29.3
> ya no → 33
> ¿es comprado? → 16.2
> para ello → 25.2
> lo más barato → 21.7

1. Preguntar/responder

¿Prefiere Vd. vivir en el centro de la ciudad o fuera?

¿Cree Vd. que es fácil en nuestro país comprar un piso?

¿Cuánto cuesta ahora el metro cuadrado, más o menos, en nuestra ciudad?

Y los pisos alquilados, ¿cuánto valen por metro cuadrado?

¿De qué dependen los precios?

2. Usar frases útiles

¿**Cuánto tarda Vd. en llegar** cada día a su trabajo?

¿Cuánto tarda en llegar aquí, al curso de español?

¿Cuánto tarda Vd. en ir a España desde aquí?

¿Cuánto tiempo tarda Vd. en hacer la comida?

¿Y cuánto tiempo tarda Vd. (o su familia) en comer?

¿Ha tardado Vd. mucho en encontrar el piso/la habitación que tiene?

¿En qué cosas tarda Vd. mucho, en qué cosas tarda poco?

3. Usar frases útiles

¿A ti **te cuesta mucho trabajo** aprender español?

¿Qué te cuesta trabajo?

¿Qué te cuesta más trabajo y qué es lo que te cuesta menos?

A mí me cuesta mucho levantarme temprano, ¿y a ti?

¿Cuándo te cuesta más/menos trabajo concentrarte: por la mañana o por la tarde (o por la noche)?

4. Preguntar/responder

¿Qué está **cada día mejor** en esta ciudad o en esta provincia?

¿Y qué está cada día peor?

Entonces, ¿qué es lo más bonito de esta ciudad o de esta región?

¿Y qué es lo más agradable? ¿Y lo más desagradable?

¿Y qué está cada día más caro?

3 Divertirse — y gastar menos

todo lo viejo → 30.1
todo lo viejo lo hemos pintado → 24.7
hay: había → 3.5
ella misma → 30.3

1. Preguntar/responder

¿Le gustan más los muebles nuevos o los viejos?

¿Le gustan más los muebles modernos o los antiguos?

¿Sabe pintar Vd. mismo/misma un armario o una mesa?

¿O no *puede* hacerlo porque no tiene tiempo?

¿Sabe arreglar Vd. mismo un sofá o una silla?

¿Sabe Vd. coser? ¿Tiene una máquina de coser? ¿Qué le gusta coser?

¿Qué le gusta/encanta hacer Vd. mismo/misma?

Para gente joven que tiene su primer piso, ¿qué es lo más importante?

2. Comunicarse

Mire Vd. estas fotos:
¿Cómo se imagina Vd. a estas personas?
¿En qué trabajan, qué hacen?
¿Cómo viven?

¿Qué es lo más importante para ellos?
¿Qué piso/habitación tienen?
¿Qué tipo de vacaciones hacen? etc.
¿Qué cree Vd.?

3. Comunicarse

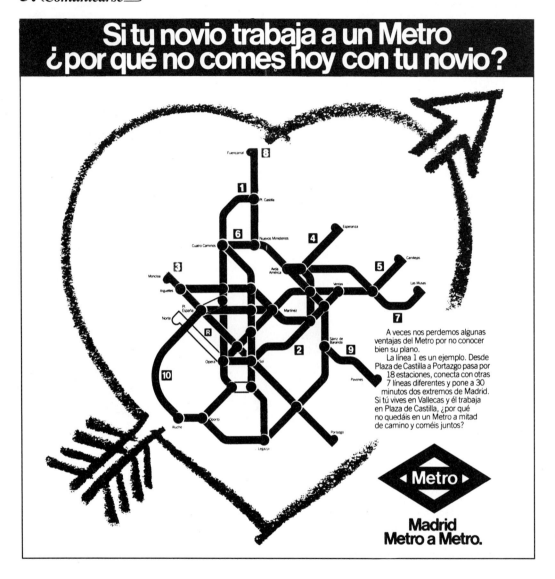

¿Con qué expresiones juega el anuncio?
¿Qué quiere decir el anuncio diciendo «Madrid – Metro a Metro»?
¿Qué quiere decir con «Si trabaja a un Metro»?
¿Conoce Vd. ciudades con Metro?
¿Por qué toma Vd. el Metro? ¿Qué ventajas ofrece?

5 Nos arreglaremos bien

seguir: sigues → 2.3
ayudarán; nos arreglaremos (Futuro)
→ 9.1

1. Comunicarse

¿Le gusta su trabajo? ¿Piensa Vd. seguir allí?
¿Qué le gusta en su trabajo?
¿O piensa Vd. cambiar, si es posible? ¿Por qué?

2. Sistematizar

sigo, pido, repito, digo

¿Cuánto tiempo hace que Vd. sigue este curso de español?
¿Pide Vd. hora siempre que va al médico?
¿Qué dice Vd. para saludar por la mañana? *dice*
¿Y qué dice por la tarde?
¿Repite Vd. en casa lo que aprende en el curso?
¿Cuántas veces al día se repiten en la radio las noticias (Nachrichten)?

3. Preguntar/responder

Decir lo que (no) **haréis**, y por qué.

¿Veréis a vuestra madre esta semana?
   (¿Cuándo? ¿Dónde? ¿Por qué no?)
¿Traeréis a vuestra hermana la próxima vez?
   (¿Por qué? ¿Por qué no?)

¿Arreglaréis el piso/la casa vosotros mismos?
¿Seguiréis viviendo aquí algún tiempo?
¿Venderéis más tarde el piso que tenéis?
¿Perderéis mucho dinero si lo vendéis?

¿Dónde comerás mañana?
¿Dónde y con quién cenarás esta noche?
¿Trabajarás mucho este año?
¿Cuándo tomarás las vacaciones este año?

4. Comunicarse

¿Qué palabras se pueden escribir con las letras de ...?

LATINOAMERICANOS
por ejemplo:
mar
caro

ME GUSTARÍA
por ejemplo:
María
ser

5. *Expresarse*

¿Conoce Vd. a jóvenes familias que les ayudan las madres o las abuelas?
¿Hay familias con niños que no les ayuda nadie?
¿Cree Vd. que también hay jóvenes madres que prefieren que no les ayuden sus madres?

¿Le cuesta mucho no beber?
¿Podría Vd. vivir sin beber alcohol?
¿Cuándo está Vd. más cansado (o medio muerto): después de beber mucho, después de fumar mucho (o las dos cosas juntas) o después de dormir poco?
¿Podría Vd. vivir sin fumar?
¿Podría Vd. vivir sin coche?
¿Podría Vd. vivir sin trabajar?
¿Podría Vd. vivir sin amigos?

6 Nada más de alcohol

> ratito: -ito → 20.5
> medio muerto → 14.2
> como quieras → 6.9

7 ¿Has dejado de fumar?

> dejar de hacer algo → 31.7
> desde hace tres semanas → 31.4
> me alegro (de) que + subjuntivo → 6.4
> espero que + subjuntivo → 6.4
> ser: era una locura → 7.2

1. *Expresarse*

¿Qué quiere decir este cartel?

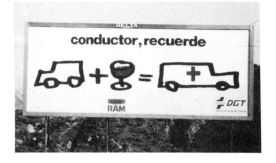

2. *Preguntar/responder*

¿Le gusta el vino o la cerveza? ¿Qué le gusta más?
¿Bebe Vd. vino o cerveza cuando después tiene que conducir?

1. *Preguntar/responder*

A ver, ¿quiénes fuman en nuestro grupo?
De los que fuman, ¿quién fuma mucho? ¿Qué fuma? ¿Cuánto fuma?
¿Quién no fuma? ¿No ha fumado nunca?
¿Quién ha dejado de fumar? ¿Y no piensa volver a empezar? ¿Por qué no?
Vd. que fuma, ¿tiene Vd. problemas con los no fumadores?
Cuando no puede fumar, ¿es un problema para Vd.?
¿Cuántas horas puede Vd. estar sin fumar?
Y luego, ¿se pone nervioso (nervös werden)?

Vd. que no fuma, ¿tiene Vd. problemas con los fumadores?

¿Le molesta siempre el humo (Rauch) o sólo cuando hay muchos fumadores en una habitación o en una sala?

2. Sistematizar

¿Desde cuándo aprende Vd. el español?
¿Desde hace cuánto tiempo aprende Vd. el español?
¿Desde cuándo está Vd. casado?
¿Desde hace cuánto tiempo está Vd. casado?
¿Desde cuándo vive Vd. en esta ciudad?
¿Desde hace cuántos años vive Vd. en esta ciudad?
¿Desde cuándo fuma Vd.?
¿Desde hace cuánto tiempo fuma Vd.?
¿Desde cuándo conoce Vd. al señor que está a su lado?
¿Desde hace cuánto tiempo lo conoce Vd.?

3. Usar frases útiles

Diga Vd. algunas cosas que hace o sabe Vd.

*desde hace una semana,
desde hace tres meses,
desde hace un año, etc.*

4. Sistematizar

Diga Vd. que se alegra por la persona que le dice (o de quien le dicen) estas cosas:
– Pepe ha dejado de fumar.
– **Me alegro por él.**

Por fin he dejado de fumar.
Mi hermano ha encontrado trabajo.
Mi amiga ha acabado el colegio.

Mis padres han encontrado un piso.
Nosotras hemos cambiado de vida.
Pepe y María van a casarse pronto, ¿sabes?
La semana que viene podemos ir a esquiar.
María gana ahora más que antes.
Estamos invitados para pasar las Navidades en casa de unos amigos.
Puedo seguir en el mismo trabajo, no hay problema.

8 España con tabaquitis

seguiremos fumando → 15.3
tratar de → 31.7

1. Usar frases útiles

Identifíquese Vd. con una de las dos cartas. Trate de apuntar, junto con los otros que piensan lo mismo que Vd., los argumentos más importantes. Después de esta preparación, su grupo va a discutir con el otro y tratar de explicar sus argumentos y sus razones.

Puede emplear estas frases, entre otras:

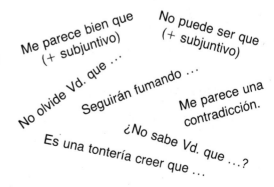

Me parece bien que (+ subjuntivo)
No puede ser que (+ subjuntivo)
No olvide Vd. que ...
Seguirán fumando ...
Me parece una contradicción.
¿No sabe Vd. que ...?
Es una tontería creer que ...

Lección 16

9 ¿Estamos acabando con ...?

1. *Expresarse*

Hay un «slogan» que dice que «la naturaleza es igual a futuro». Traten Vds. de encontrar otros «slogans»:
El tabaco es igual a _____.
El alcohol es _____.
La juventud es _____.
Viajar es _____.
Estudiar es _____, etc.

2. *Comunicarse*

¿Qué hace Vd. personalmente para no acabar con la naturaleza?

B Zusammenfassung

Wichtige Ausdrucksmöglichkeiten:

Freude ausdrücken.   Me alegro que me llames.
Hoffnung ausdrücken.   Espero que vengas.
Laufende Steigerung ausdrücken.   cada día más caro, cada día mejor, etc.
Sagen, daß etwas unverändert ist.   sigo con el mismo trabajo, sigo de secretaria

Sagen, daß etwas nicht mehr so ist.   Ya no quisiera vivir en Madrid.
Sagen, was das Beste/Billigste usw. ist.   Es lo mejor, es lo más barato, etc.
Sagen, daß man sich nach dem anderen richtet.   Como quieras. Como quiera.

C Übungen zur Wiederholung

1. *Creo que... / Espero que...*

a. _____ mañana va a hacer buen tiempo.
b. Por lo menos _____ no llueva.
c. _____ tengamos buen tiempo, porque queremos ir de excursión.
d. _____ la excursión será muy divertida porque vamos con un grupo de amigos.
e. _____ todos puedan ir.
f. _____ Carmen también irá con nosotros.
g. Pero _____ no haya problemas con mi coche, que desde hace algún tiempo no siempre funciona bien.

140   Lección 16

2.
hace / desde / desde hace

a. – Pepe me ha llamado _____ algunos momentos. Está en Madrid _____ el lunes pasado.
b. – ¿Está en Madrid _____ cinco días y no ha llamado antes? ¡Vaya!
c. – _____ enero tiene un nuevo trabajo que le deja poco tiempo libre. Pero pronto tendrá una semana libre. Será la primera vez que nos visita _____ mucho tiempo.

3.

Wiederholen Sie systematisch Ihren Wortschatz (und denken Sie sich zu jedem Ausdruck einen Satz, eine Situation).

Zunächst Zeitangaben:
wann? – am Montag usw. – morgens, nachmittags, abends – am ersten Februar, am zweiten März usw. – im Januar, im Februar usw. – heute, morgen – um eins, um halb drei, um fünf vor zwölf usw. – diese Woche, nächste Woche, nächstes Jahr – vor fünf Minuten, vor zwei Stunden – seit fünf Minuten, seit zwei Stunden usw.

Nun einige Angaben zur Dauer:
wie lange? – fünf Minuten, eine Viertelstunde, eine halbe Stunde, eine Dreiviertelstunde (tres cuartos de hora), eineinhalb Stunden

Angaben der Häufigkeit:
wie oft? – einmal, zweimal, oft, manchmal – immer, jeden Tag, jede Woche, nie – es ist das erste Mal, das zweite Mal usw.

4.

Was ist jeweils die passende Form (und warum)?

a. Me alegro que (llamarme) _____ Vd. por teléfono al fin.
b. Espero que pronto (venir) _____ Vd. a vernos.
c. Quiero que Vd. conozca mi piso y que me (decir) _____ si le gusta.
d. Me alegro mucho que Vd. (haberse casado) _____.
e. Espero que (gustarle) _____ la casa que hemos comprado.
f. Me alegro mucho que ahora (ganar) _____ Vd. más.
g. Me pregunta Vd. si mi mujer va a dejar el trabajo ... Pues, no creo que (dejarlo) _____.
h. Me alegro que (tener) _____ Vds. el piso tan cerca.

5.

Gegensatzpaare / **Contrarios**

a. – ¿Vas a comprar un coche nuevo?
   – Antes tengo que _____ el otro.
b. – Vas a comprar el piso?
   – No, sólo lo voy a _____.
c. – ¿Tu mujer va a seguir con el trabajo?
   – Creo que lo va a _____.
d. – Gastas mucho dinero.
   – Sí, pero desde hace algún tiempo _____ más.
e. – ¿Habéis comprado cosas nuevas para el piso?
   – Casi todas las cosas son _____.
f. – ¿Os ha salido barato el piso?
   – ¡Qué pregunta! Nos ha salido muy _____.

6.

Cuente Vd. lo que **hará** mañana.

a. Mañana nos visitarán unos amigos a quienes no hemos visto desde hace un año. Me (contar) _____ cómo les ha ido, y yo les (contar) _____ lo que he hecho en este año.
b. (tener que) _____ conocer a mi mujer, que todavía no conocen. Nosotros les (enseñar) _____ el piso que acabamos de comprar.
c. Yo les (explicar) _____ cómo hemos reunido el dinero, y mi mujer les (enseñar) _____ los muebles que ha arreglado y pintado.
d. A ver si ellos (quedarse) _____ en Madrid o (volver) _____ a Francia a trabajar, si (buscar) _____ trabajo, etc. Y luego, claro, (ir) _____ a cenar juntos.

7.

A ver qué dice Vd. en esta situación.

Vd. entra en una tienda porque quiere comprar una chaqueta.
Sagen Sie, daß Sie die blaue Jacke im Schaufenster gern probieren möchten.
Fragen Sie, was sie kostet und aus welchem Material sie ist. Aus Wolle?
Fragen Sie, ob sie die gleiche Jacke in einer anderen Farbe haben.
Fragen Sie, ob sie eine ähnliche Jacke in Grau haben.
Fragen Sie, ob sie keine billigere haben.
Sie müssen sich das noch überlegen. Sie werden noch einmal mit Ihrer Frau/Ihrem Mann/Ihrem Freund vorbeikommen.
Fragen Sie noch, ob ein Postamt irgendwo in der Nähe ist.
Fragen Sie, bis wann das Geschäft heute offen ist und wann es morgen früh öffnet.

Lección 17

A Übungen zu den einzelnen Texten

1 No hay que hacer siempre lo mismo

> decidirse a; no tener ganas de;
> tardar en → 31.7
> ¿cuál es su opinión? → 28.5
> de esta forma, de otra forma
>   → 22.1
> no hay que → 17.5

1. *Preguntar/responder*

En sus vacaciones, ¿qué es siempre lo mismo y qué es cada vez diferente?
En su trabajo, ¿qué es siempre lo mismo? ¿Qué es diferente a veces?
¿Es más cómodo tener siempre el mismo trabajo?
¿Es más difícil hacer cada vez algo nuevo, algo diferente?

¿Tienes ganas de dejar de trabajar?
¿Tienes ganas de esquiar este invierno?
¿Tienes (o tendrías) ganas de ir a la playa ahora?
¿Tienes ganas de comprarte algo?
¿Tienes ganas de ir al cine esta noche?
¿Tienes ganas de comer algo ahora?
¿De qué más tienes ganas?

2. *Preguntar/responder*

Uno de los dos chicos españoles se interesa poco por los museos, pero mucho por otras cosas. ¿Qué cosas podría Vd. decirle?

¿Cómo vive la gente aquí?
¿Qué piensa Vd. de la vida aquí?
¿Cuál es aquí la estación del año (Jahreszeit) más bonita?
¿Cuáles son los problemas de esta ciudad?
¿Cuánto hay que ganar para vivir más o menos bien?
¿Qué quiere decir esto para Vd.: vivir más o menos bien?
¿Qué piensa Vd. del gobierno de este país?

Y a Vd., ¿qué le interesa hacer y saber cuando viaja?

2 España ya no es tan barata

> acordarse: me acuerdo → 2.2
> ganar mucho más que antes; aumentar muchísimo → 22.4
> lo que gana; lo que tiene que pagar
>   → 29.2
> si/cuando: cuando va a la compra;
>   si la relación está mal → 32.1

1. Preguntar/responder

¿Cómo ve Vd. la relación entre lo que gana la gente y lo que cuesta la vida aquí?

¿Qué es lo que más cuesta?

¿En qué gasta la gente más dinero? ¿Son cosas que necesita uno?

¿Qué es (relativamente) barato en este país? ¿O no hay nada barato?

¿Qué le parece demasiado caro en este país? ¿Hay otros países en que esto es menos caro?

¿Hay cosas que no han subido, sino bajado?

¿Qué ha subido más en los últimos 12 meses? ¿Qué no ha subido nada o muy poco?

2. Comunicarse

¿Qué le sugiere esta foto?

¿Cómo se imagina la vida de este hombre?

¿Qué alegrías puede tener este hombre? ¿Qué problemas?

¿Qué significa una foto así para Vd. personalmente? ▼

3. Expresarse

En un anuncio, el Instituto Nacional del Consumo dice que «todos somos consumidores».
¿A qué productos de consumo se refieren los dibujos de este anuncio?
¿Qué consumen estos señores?
¿Qué más consumimos nosotros?

3 Lo hemos pasado muy bien

tardar en; tener ganas de → 31.7
viajaba, me paraba, tenía tiempo,
  no había (hay) ... → 7.1
ser: es aburrido → 16.2

1. Preguntar/responder

¿Cuándo prefiere Vd. ir por la autopista?
¿Cuándo prefiere Vd. ir por la carretera?
¿A cuántos kilómetros por hora le gusta ir por la autopista?
¿Y a cuántos kilómetros por hora le gusta ir por la carretera?
¿Prefiere llegar rápidamente o prefiere tomarse bastante tiempo?

2. Sistematizar

¿Se acuerda Vd. (o sabe algo) de cosas de hace 20 años?
¿Qué hacía Vd.?
¿Dónde vivía?
¿Se acuerda de cómo eran los vestidos?
¿Cómo eran los coches?
¿Tenía la gente más tiempo que ahora?
¿Era la vida más barata que ahora?
¿Vivía la gente mejor o peor que ahora?
¿Se comía mejor o peor que ahora?
¿Se divertía la gente más que ahora o menos?
¿Qué cosas hay ahora que entonces no había?
¿Qué se puede hacer ahora que entonces todavía no se podía hacer?

3.

En su último viaje, ¿qué tiempo hacía? ¿Llovía o hacía sol? ¿O nevaba? ¿Hacía frío o hacía calor?
¿Cómo se llamaba su hotel? ¿Lo conocía Vd. ya o era la primera vez que estaba allí?
¿Cuánto costaba el hotel? ¿Se acuerda Vd.?
¿Viajaba Vd. solo o con unos amigos/con su familia?
¿Llevaba mucho equipaje?
¿Iba Vd. (fuhren Sie) en coche o en tren?
¿Tenía Vd. mucho tiempo o poco tiempo?
¿Desayunaba Vd. en el hotel o en un bar?
¿Dormía Vd. bien o se despertaba por el ruido (Lärm)?
¿Se levantaba temprano o tarde?
¿Funcionaba todo: el teléfono, la ducha, el ascensor?
¿Hablaban sólo español en el hotel o entendían también inglés o alemán?
¿Qué le interesaba a Vd. más?

4. Expresarse

Cuenten Vds. la historia. Algunas de estas palabras le pueden ser útiles. Si no las entiende, pregunte a su profesor. ▶

todos/uno
estar descontento
dar un grito, protestar
tener una idea
ocurrírsele algo
poner la mesa en otra dirección/en la dirección opuesta
estar contento
estar orgulloso de su idea
estar entusiasmados de la idea
felicitarle

5. Sistematizar

Hablen sobre lo que había antes y lo que hay ahora.

148   Lección 17

5 El petróleo de Venezuela

> hace algún tiempo; desde hace 50 años
> → 31.4

1. Comprender

Diga una frase sobre el contenido general o el contenido más importante de cada párrafo del texto. (Sagen Sie – wenn nötig zuerst in Ihrer Muttersprache – einen Satz zum allgemeinen oder zum wichtigsten Inhalt jedes Absatzes.)

2. Expresarse

¿Qué grupo de personas es?
¿Qué relación tienen los unos con los otros? (Por ejemplo, ¿hay padres?)
¿Qué tienen que ver con todos esos animales y objetos?
¿Qué quieren hacer juntos?
¿Adónde van a ir?
¿Quién lo va a pasar mejor en el viaje?
¿Quién lo va a pasar peor?
¿Por qué cree Vd. que va a ser así?
¿En qué van a hacer el viaje?
¿De qué podría ser esto un anuncio?
Intente Vd. hacer un texto para este anuncio. ▼

Lección 17

6 Santiago

aun dejando de lado ... → 15.3
lo que importa es ... → 29.3
le ponían en contacto; eran como ...
→ 7.3

1. *Expresarse*

¿Conoce Vd. un centro de peregrinación en nuestro país (o en otros países europeos)?
¿Tenía ya importancia, como Santiago de Compostela, en la Edad Media? (¿De qué época es la iglesia?)

Las peregrinaciones religiosas ya no tienen tanta importancia en la vida moderna. Pero ¿hay otro tipo de «peregrinaciones»?

7 El peregrino

1. *Comunicarse*

Imagínese la vida de los peregrinos del siglo XII.
¿Qué problemas tenían?
¿Qué les podía pasar en el camino?
¿Qué idioma hablaban?

B Zusammenfassung

Wichtige Ausdrucksmöglichkeiten:

Ausdrücken, wozu man Lust hat.
Zustimmung herausfordern.
Ausdrücken, was stört/mißfällt.
Sagen, was man noch/nicht mehr weiß.
Sagen, wie gut/schlecht man seine Zeit verbracht hat.
Erzählen, wie alles war.

Tengo ganas de hacer este viaje.
..., ¿no le parece? ¿no te parece?
Me molesta el tráfico.
(No) me acuerdo de él.
Lo he pasado bien.
Ha sido aburrido. Nos hemos aburrido.
El hotel **era** bonito, me **entendía** bien con el grupo, **hablábamos** español, no **había** problemas ...

brauchen
No voy a tardar mucho.
Necesito dinero.
No hay que hacer siempre lo mismo.

Ich werde nicht lange (Zeit) brauchen.
Ich brauche Geld.
Man braucht nicht immer dasselbe zu tun.

C Übungen zur Wiederholung

1.

El chico, ¿por qué **no quería viajar** con sus padres?

a. (entenderse) _____ muy bien con ellos.
b. Pero ellos siempre (visitar) _____ castillos y museos.
c. A él eso no le (gustar) _____ demasiado.
d. Un museo cada día le (parecer) _____ demasiado.
e. A veces los (dejar) _____ ir solos al museo y (quedarse) _____ en un bar a tomar un café.
f. A él le (interesar) _____ otras cosas.
g. (pensar) _____ que no había que hacer siempre lo mismo.
h. Le (interesar) _____ saber cómo vivía la gente ...

2.

¿Por qué no vino Vd. ayer? Warum kamen Sie gestern nicht?
(**vino** kommt erst in L 18, aber die Begründungen können Sie bereits geben.)

a. (estar) _____ enfermo/enferma.
b. Me (doler) _____ la cabeza.
c. (hacer) _____ mal tiempo.
d. (querer) _____ trabajar en casa.
e. (tener que) _____ hacer muchas cosas.
f. Me (ser) _____ imposible ir.
g. (hay) _____ demasiado trabajo en la oficina.
h. Para decir la verdad, no (tener) _____ ganas de salir.
i. Mi hija (estar) _____ mal.

3.

tan — tanto — mucho — más

a. Un obrero español, ¿gana _____ como un obrero francés?
b. No sé cuánto gana, pero en el campo, los trabajadores no ganan _____ .
c. La gasolina ha subido _____ .
d. Pero hay otras cosas que no han subido _____ .
e. Por otro lado, hay cosas que resultan _____ caras que nadie las puede pagar.
f. En general, la vida ha subido _____ .
g. La gente gana _____ que antes, pero no puede comprar _____ como antes. Es la inflación ...

4.

Una conversación entre los padres de Pepe.

a. – No creo que Pepe (venir) _____ con nosotros este año.
b. – Me alegro que siempre (haber viajado) _____ con nosotros, pero no creo que un chico de esta edad (Alter) (tener que) _____ viajar siempre con sus padres. No quiero que (visitar) _____ museos si le interesa otra cosa.

c. – Yo también me alegro que (decir) _____ lo que le interesa, que (hacer) _____ lo que le gusta hacer, que (salir) _____ con sus amigos, que los (traer) _____ a casa ... Y claro, espero que (venir) _____ de vez en cuando con nosotros. Pero si no tiene ganas, ¡que no lo haga!

5.

Contrarios. (Denken Sie sich Sätze dazu aus.)

rechts, links – gleichzeitig, später, vorher – alt, jung – es ist warm, es ist kalt – ein warmes Abendessen, ein kaltes Abendessen – in der Stadt, auf dem Lande – nahe wohnen, weit weg wohnen – Hunger, Durst – jetzt, später – auf der gleichen Seite, gegenüber – sofort, später – zusammen, allein

6.

Eine weitere systematische Wortschatzwiederholung:

– Reihenfolge: zuerst – dann – dann – dann – am Ende
– seit wann? – seit wie langer Zeit? – seit ein Uhr – seit gestern – seit einer Stunde – seit einer Woche, seit Januar
– Aussagen, die verschiedene Zeitpunkte miteinander in Beziehung setzen: Kommt er schon? – Er ist noch nicht gekommen. – Er ist noch hier. – Er ist nicht mehr hier. – vor/nach dem Essen – bevor wir zu Abend essen, nachdem wir zu Abend gegessen haben – Er kommt sofort, bald, rechtzeitig, zu spät, früh.

7.

A ver qué dice Vd. en estas situaciones.

a. – Buchen Sie bei einer Luftlinie einen Flug nach Madrid für kommenden Sonntag, für den Flug um 17.15 Uhr.
– A las cinco y cuarto no hay ningún vuelo para Madrid. Hay uno a las ..., a ver ...
– Fragen Sie, ob die Angestellte sicher ist. Sie haben im Flugplan nachgesehen, der ab Sonntag gültig ist.

b. – In der Hotelhalle sprechen Sie eine Dame an, ob das Buch auf dem Tisch ihr gehört. Fragen Sie, ob Sie es einen Augenblick ansehen dürfen, weil es Sie sehr interessiert. Bedanken Sie sich und sagen Sie, daß das sehr nett von ihr ist. Fragen Sie noch, wo sie das Buch gekauft hat.

c. – Sí, sí, hemos reservado habitación para Vd., pero lo siento, la habitación todavía no está arreglada.
– Sagen Sie, daß das nicht schlimm ist, aber fragen Sie, wo Sie einstweilen die Koffer lassen können. Fragen Sie, bis wann das Zimmer fertig sein wird.

d. – Sie kommen im Hotel aus dem Aufzug und sehen eine ältere Dame, die versucht, Ihr Zimmer aufzuschließen. Sagen Sie ihr, daß sie sich wohl geirrt hat und daß das Zimmer das Ihre ist.
– Ay, por Dios, ¡qué vergüenza! Perdone Vd., no sé cómo explicarle ...
– Beruhigen Sie sie und sagen Sie, daß das doch nichts macht. Fragen Sie, ob Sie ihren Schlüssel (la llave) sehen dürfen. Sagen Sie ihr, daß ihr Zimmer wohl einen Stock höher liegt.

Lección 18

A Übungen zu den einzelnen Texten

1 Ayer

> Pretérito perfecto simple → 8.1, 8.3
> tuve, estuve, pude, hice; fui
>   → 8.2, 8.3
> leer: leyendo → 15.1
> romper: roto → 14.2
> creí que ibas a salir → 18.3

1. ⌈Sistematizar⌉

Conteste Vd. que sí o que no.

¿Visitó Vd. a sus padres?
¿Terminó el trabajo que había empezado?
¿Tardó mucho en llegar a casa después del trabajo?
¿Sacó entradas para el concierto?
¿Se quedó en casa por la noche?
¿Quedó con sus amigos para jugar al ajedrez?
¿Le gustó el programa de televisión?
¿Le gustó la música de la radio?
¿Le gustó el disco que le regalaron?
¿Comió Vd. en casa o en un restaurante?
¿Se decidió Vd. por fin a ir a España este año?
¿Volvió tarde a casa?
¿Vio una película?
¿Salió de paseo?
¿Perdió su dinero por la calle? ¿O qué perdió?
¿Volvió a encontrarlo?

2. ⌈Comprender⌉

¿Qué hizo Vd. ayer (o el domingo pasado o la semana pasada)?

2 El domingo pasado

1. ⌈Sistematizar⌉

¿Qué hiciste el domingo pasado? Contesta que sí o que no.

¿Hiciste la excursión de que habías hablado?
¿Adónde fuiste?
¿Tuviste suerte con el tiempo?
¿Pudiste bañarte?
¿Estuviste todo el día fuera?
  Cuenta algo más de lo que hiciste ...

Y Vd., ¿hizo la excursión de que había hablado?
¿Adónde fue Vd.?
¿Tuvo Vd. suerte con el tiempo?
¿Pudo bañarse?
Cuente algo más de lo que hizo ...

3 ¿Por qué no llamasteis?

olvidarse de hacer algo → 31.7

1. Sistematizar

¿Qué hicisteis el domingo? ¿Fuisteis a algún sitio?
¿Adónde fuisteis?
¿Os quedasteis mucho tiempo allí?
¿Os reunisteis con vuestros amigos?
¿Llovió por la tarde?
¿Pudisteis volver a la ciudad sin problema?
¿Tardasteis mucho en llegar a casa?
¿Volvisteis temprano o tarde?
¿Llamasteis a alguien por teléfono?
¿Visitasteis a alguien (a vuestra madre, por ejemplo)?
¿Lo pasasteis bien?

4 ¿Qué hicieron Vds.?

1. Sistematizar

Pregunta a tus amigos, porque no has oído bien o entendido bien:

Ayer nos levantamos *muy temprano*.
¿Cuándo os levantasteis?

Ayer acabamos por fin *ese trabajo tan difícil*.
Acompañamos a mis padres *a la estación*.
Nos alegramos mucho de *su visita*.
Les llevamos las maletas al *tren*.

Aparcamos el coche donde no se podía *aparcar*.
Tuvimos que pagar una *multa* (Geldstrafe).
Después fuimos a *comer*.
La comida nos gustó mucho.
Tuvimos suerte con el restaurante, que era *muy bueno*.
Tomamos un vino tinto bastante barato, pero muy *bueno*.
Y de *lo que hicimos después* no me acuerdo.
Ah, sí, pudimos ver *un vídeo muy interesante* en casa de unos amigos.

2. Expresarse

¿A qué están jugando estos niños?
¿Qué dice cada uno de ellos?
¿Qué dicen los padres que los están observando?
¿A qué le gustaba jugar a Vd., de niño?

3. Expresarse

Parece que este señor no contesta bien las preguntas que le hacen. ▶
¿Qué contestación corresponde a qué pregunta?
¿Qué puesto cree Vd. que va a ocupar este señor?

5 ¿Dónde nació Vd.?

> venir: vinieron → 8.3
> tenía → 7.3

1. Distinguir

Mis padres **vinieron** a Europa **cuando yo tenía** siete años.

Subraye Vd. (unterstreichen) en dos colores diferentes los dos Pretéritos diferentes (Pret. perfecto simple, Pret. imperfecto).

- ¿Dónde vivían sus padres cuando nació Vd.?
- ¿Tenían ya otros hijos o fue Vd. el primero?
- ¿Cuántos años tenían sus hermanos cuando nació Vd.?
- ¿Cuántos años tenía Vd. cuando nació su hermano?
- ¿Se alegró Vd. cuando nació su hermano menor (jüngerer Bruder)?
- ¿Se acuerda Vd. de la casa en que vivían entonces?
- ¿Se decidieron sus padres más tarde a ir a otra ciudad? ¿Por qué?
- ¿Cuántos años tenía Vd. cuando empezó el colegio?
- ¿El colegio a que le mandaron sus padres, era de chicos/chicas sólo o era de chicos y chicas? ¿Había más chicos o más chicas?
- ¿Se acuerda Vd. de algo más de entonces?

6 Canción cubana

> poder: podré (Futuro) → 9.2

1. Comunicarse

El que canta, ¿qué cuenta del pasado, qué cuenta del presente y qué dice del futuro?
¿Puede Vd. también contar algo importante que pasó en su vida, diciendo lo que significa para el presente y el futuro?

7 La siesta

> aquellos → 27.1
> dejemos de reírnos → 12.1

1. Preguntar/responder

¿Duerme Vd. la siesta?
Si no duerme la siesta, ¿es porque no quiere o porque no puede?
¿Cree Vd. que la siesta tiene que ver (hat zu tun) con el clima?
¿Duerme Vd. mucho?
¿Cuántas horas necesita Vd. dormir para no estar cansado al día siguiente?
¿Descansa Vd. un rato después de la comida?

2. Expresarse

¿Qué momento del día es, en la vida de estos obreros?
Intente imaginarse lo que han hecho hasta este momento.

8 Un buen amigo

conocí (ich lernte kennen) → 8.3
preferir + subjuntivo → 6.3

1. Expresarse

Spielen Sie die Szene im Restaurant als Spanier (siéntate) oder wie im Original (sentate).

9 El Museo del Oro de Bogotá

1. Preguntar/responder

¿Le interesan los museos? ¿Conoce muchos?
¿Hay en su ciudad algún museo famoso?
¿Cuesta entrar en él?
¿Está abierto todos los días?
¿De qué es el museo?
¿En qué ciudades de qué país hay museos muy famosos?

B Zusammenfassung

Die Zeiten der Vergangenheit

1. Pretérito perfecto simple
Wichtigstes Lernziel dieser Lektion ist es, auszudrücken, was man in einem bereits vergangenen Zeitraum getan hat oder was in dieser Zeit passiert ist:

ayer
la semana pasada ⟩ me llamó mi amigo
el año pasado ⟩ → 8.1−8.2
en 1980

Das Pretérito perfecto simple dient zur Erzählung aufeinanderfolgender Ereignisse:

Ayer salí de excursión.	Ich machte gestern einen Ausflug.
Llovió.	Es regnete, fing an zu regnen, usw.

2. Pretérito imperfecto
Diese Zeit gibt den Hintergrund oder den Grund für vergangene Handlungen an: die Situation, die (schon) bestand, als die Handlung einsetzte.

Llovía, pero salimos.	Es regnete (gerade, schon einige Zeit usw.), aber wir entschlossen uns wegzugehen.

3. Pretérito perfecto compuesto
Diese Zeit steht immer in enger Verbindung zur Gegenwart.

He comprado un coche.	Ich habe (kürzlich) ein Auto gekauft, d.h. ich habe jetzt ein Auto.
He comido bien.	Ich habe (heute) gut gegessen, bin also satt, zufrieden usw.
He conocido a mucha gente.	Ich habe (in meinem Leben, bis heute) viele Leute kennengelernt (= ich kenne sie).

C Übungen zur Wiederholung

1.

Ayer (no) hizo Vd. lo mismo, ¿no?

a. He tomado una aspirina. Ayer también _tomé una_____.
b. He pasado por casa de mis padres.
c. Hoy he llegado tarde a la estación.
d. He perdido el tren.
e. Me he levantado temprano.
f. He tenido que trabajar mucho.

2.

Cuente Vd. lo que hizo **el fin de semana pasado**:

a. quedarse en casa
b. desayunar a las 10
c. leer unos periódicos
d. jugar con los niños
e. invitar a un amigo
f. tener que escribir varias cartas
g. hacer un plan para las vacaciones
h. no poder salir
i. estar en casa casi todo el día
j. por la tarde, ir a ver un momento a unos amigos.

Fragen Sie Ihren Freund (tú), ob er das alles (oder etwas Ähnliches) gemacht hat: ¿Te quedaste en casa? ¿A qué hora ...? etc.

3.

¿Y qué **hicieron** sus amigos?

a. acompañar a un amigo que quería conocer la ciudad
b. ir al museo con él
c. invitarle a comer
d. después de comer, salir a dar un paseo
e. volver a casa porque empezó a llover
f. tener que quedarse en casa porque se habían mojado.

4.

¿Y qué **hizo** su amigo?

a. llamar por teléfono a unos amigos
b. quedar en verse con ellos
c. quedar en salir con ellos
d. ir a la parada del autobús
e. encontrarse allí con otro amigo
f. no poder acompañarle (porque había quedado en salir con los otros)
g. tener que esperar mucho (porque no venía ningún autobús)
h. estar esperando media hora
i. hacer lo único (das einzige) que podía hacer:
j. tomar un taxi.

5.

Sie hatten gestern mit einer Dame im Hotel gesprochen und ihr gesagt, was sie machen könnte. Heute treffen Sie sie beim Frühstück. Fragen Sie:

a. ¿Qué tal lo (pasar) _____ ayer?
b. ¿(hacer) _____ la excursión que le recomendé yo?
c. ¿(ir) _____ Vd. a Toledo, como le había recomendado?
d. ¿Qué tal (ser) _____ la excursión?

e. ¿A qué hora (salir) _____ Vd.?
f. ¿(tener) _____ Vd. suerte con el tiempo?
g. ¿(poder) _____ Vd. ver todo lo que quería ver?
h. ¿Cuándo (volver) _____ Vd. a Madrid?
i. ¿Por qué no me (llamar) _____ desde la estación?

6.

Wiederholen Sie jetzt einige Verben, die mit *Zeitangaben* zu tun haben. (Erinnern Sie sich an Sätze oder finden Sie eigene, neue.)

anfangen
zu Ende sein/gehen
anfangen zu arbeiten
aufhören zu arbeiten
gerade mit jemand gesprochen haben
gerade mit jemand sprechen
normalerweise zu Hause sein.

7.

A ver qué dice Vd. en estas situaciones, hablando con una amiga.

— Me he comprado un coche.
— Fragen Sie, was für ein Auto es ist.
— Mira por la ventana, allí está.
— Fragen Sie, welches das Auto Ihrer Freundin ist: das gelbe, das grüne?
  Fragen Sie, seit wann Ihre Freundin die hübsche Tasche (el bolso) hat. Es ist das erstemal, daß Sie sie sehen. Fragen Sie nach dem Material: Leder?
  Sagen Sie ihr, daß sie sehr hübsch aussieht: das Kleid und überhaupt ...
  Danken Sie ihr für die Zeitschrift, die sie Ihnen mitgebracht hat.
  Sie freuen sich, daß sie gekommen ist.
— Ahora voy a pasar por casa de Carmen.
— Tragen Sie ihr Grüße für Carmen auf.
— ¿No podríamos salir juntos mañana?
— Sie glauben nicht, daß Sie morgen Zeit haben. Ihr Vater kommt.

Lección 19

A Übungen zu den einzelnen Texten

1 Quería comprar sellos

> hay uno; está allí → 16.5

1. *Preguntar/responder*

¿Dónde se pueden comprar sellos en este país?
En el estanco, se vende tabaco, sellos y otras cosas que son del monopolio del Estado. ¿Hay algo parecido en este país?

2 En la oficina de correos

1. *Preguntar/responder*

¿Sabe Vd. cuánto vale un sello para una carta?
¿Y si tiene 40 gramos?
¿Y qué hace Vd. cuando la carta es muy importante o si mete algo que vale mucho?
¿Y cuánto cuesta mandar la carta certificada?
Y cuando quiere que una carta llegue muy pronto, ¿qué hace? ¿Cómo la manda?
¿Y esto cuesta más? ¿Cuánto?
¿Cuánto tiempo tarda una carta en llegar si la manda Vd. a otra persona que vive en la misma ciudad?
¿Y cuánto tarda de aquí a otra ciudad del país?
¿Y a España? ¿O desde España aquí?
¿Cuánto cuesta mandar una carta al extranjero? ¿De cuánto tiene que ser el sello?

3 ¡Qué postales más bonitas!

> ¡qué postales más bonitas! → 28.4
> cada una → 30.2
> pensar en → 31.7
> el año pasado + Pret. perf. simple → 8.3
> Escribo postales a mis amigos
>   para darles (yo) una alegría.
>   para que (ellos) no se olviden de mí.
>   → 6.7

Lección 19

1. Sistematizar

¡Qué postales más bonitas!

¿Puede Vd. decir algo así de estas cosas o personas?

un día (o el tiempo que hace)
una chica
un sello
un paseo
una canción
un chico que ha empezado a fumar
una iglesia
un paquete
una montaña
un sofá
un tren
un hombre que ha dejado de fumar
un coche
un piso
el color de una blusa
un sillón

2. Sistematizar

¿Cuándo escribe Vd. postales a sus amigos? ¿Por qué? (Para que ellos ...)

¿Por qué les hace Vd. un regalo de vez en cuando?

¿Por qué los llama a veces por teléfono?

¿Por qué los invita de vez en cuando para cenar con Vd.?

¿Por qué le recomienda alguna vez a su amigo que tome un taxi/vaya en taxi?

¿Por qué va Vd. a veces en taxi?

¿Por qué no va Vd. en coche cuando ha tomado mucho vino?

Cuando en un hotel no está contento con su habitación, lo dice en la recepción. ¿Para qué?

Cuando Vd. está enfermo y no puede salir de casa, quizás llama por teléfono a la tienda de al lado. ¿Para qué?

Cuando se le ha roto (ist Ihnen kaputtgegangen) el reloj, lo lleva a la relojería, ¿no? ¿Para qué?

Vd. necesita para un viaje una maleta grande. Llama a un amigo. ¿Para qué?

3. Sistematizar

Pregunte a su compañero si **hizo ayer** estas cosas:

coger el Metro para ir a la estación
comprar sellos en Correos
ir al estanco
mandar la carta urgente
mandar el paquete certificado
pagar caras las postales
pensar en Pedro
escribirle una postal
no olvidarse de él
tener tiempo para pasar por el Banco
ir al cine
poder hacer (lo que quería)

4. Usar frases útiles

Ayer, todo el mundo se olvidó de hacer algo.

¿Compraste los sellos?
¡Huy, me olvidé de comprarlos! (Se me olvidó comprarlos.)

¿Fuiste al estanco?
Y tu hermano, ¿fue al estanco?
¿Mandaste la carta urgente?
¿Llevó tu hermana el paquete a Correos?
¿Pagasteis la cuenta?
Y Vds., ¿llamaron a ese señor que les estaba esperando?
¿Y tú, leíste ese artículo en el periódico?
¿Visitaron Vds. a sus padres?
Y sus hermanos, ¿visitaron a sus padres?

5. *Expresarse*

Cuente la historia:
¿De qué personas se trata?
¿Qué pasó hace algunas semanas?
¿Qué ha pasado esta mañana?
¿Qué está pasando ahora mismo?
¿Qué van a hacer (o qué va a hacer cada una de las dos personas) esta noche?

4 Servicio automático de teléfonos

se me ha acabado → 24.4
saber hacer → 17.3
acuérdate de saludarlos → 31.7

1. *Usar frases útiles*

ponerse ...

¿Se pone Vd. a veces enfermo? ¿Cuándo?
¿Y cuándo se pone Vd. contento?
¿Y cuándo se pone la gente morena? ¿Se ha puesto Vd. muy morena este verano?
¿Cree Vd. que el tiempo se va a poner mejor?
En Madrid, el aire se pone cada vez peor. ¿Y en esta ciudad?

2. Usar frases útiles

Diga cinco cosas que se le pueden acabar (o se le han acabado).
Pregunte también a sus compañeros si estas cosas se les han acabado alguna vez:

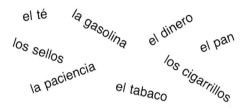

el té la gasolina el dinero el pan
los sellos la paciencia el tabaco los cigarrillos

Pregúnteles qué han hecho/qué hicieron entonces.

3. Distinguir

— ¿Se enfadará tu amigo?
— **Creo que se enfadará.**
— **No creo que se enfade.**

Tu hermano, ¿se enfadará?
¿Le bastará con el dinero que tiene?
¿Gastará mucho dinero?
¿Se decidirá pronto a irse?
¿Comerá hoy con nosotros?
¿Cogerá un taxi para llegar a tiempo?
¿Viajará en primera clase?
¿Nos telefoneará?
¿Tardará mucho en volver de ese viaje?
¿Se quedará mucho tiempo en París?
¿Se presentará allí para que le den un trabajo?
¿Volverá ya mañana?

4. Distinguir

Pregunte Vd. a su compañero si **sabe** hacer o si **puede** hacer estas cosas, por ejemplo:

traer la próxima vez algunas fotos
— ¿**Puedes** traer ...?
hablar bien francés
— ¿**Sabes** hablar bien francés?

traer la próxima vez algunas cassettes
salir con nosotros después de la clase
repetirme lo que ha dicho el profesor
hablar bien español
dormir cuando hay mucho ruido
coser
conducir
conducir cuando estás muy cansado
apuntar algunos números de teléfono
esperar cinco minutos
escuchar la radio para saber qué tiempo va a hacer
invitarnos a todos a tomar un café

5. Sistematizar

Dígale a alguien que le acompañe:
— **Acompáñeme**, por favor.

Dígale
— que se acuerde de la hora en el dentista
— que se alegre de la suerte que tiene
— que se case por fin ...
— que le cuente algo a Vd.
— que le deje algo de dinero
— que le escuche a Vd.
— que le explique lo que ha pasado
— que le informe a Vd. de los precios
— que se levante mañana temprano
— que le traiga a Vd. las revistas que le interesan
— que le presente a Vd. a esos amigos que Vd. todavía no conoce

Ahora, diga estas cosas hablando con un amigo:
— **Acompáñame** (tú), por favor.

6. A Comprender

Trabajen Vds. por parejas. (**B** encontrará el ejercicio en la página 166.)
Pregúntense Vds. alternativamente por los prefijos que le faltan a cada uno, y apúntenlos en su mapa.

6. B Comprender

Trabajen Vds. por parejas.
Pregúntense Vds. alternativamente por los prefijos que le faltan a cada uno, y apúntenlos en su mapa.

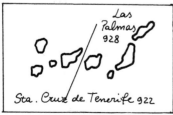

166   Lección 19

7. Expresarse

Cuente Vd. la historia.

ir al médico — reconocer — Vd. no tiene nada, Vd. está estupendamente bien — cada vez más débil — cada vez peor

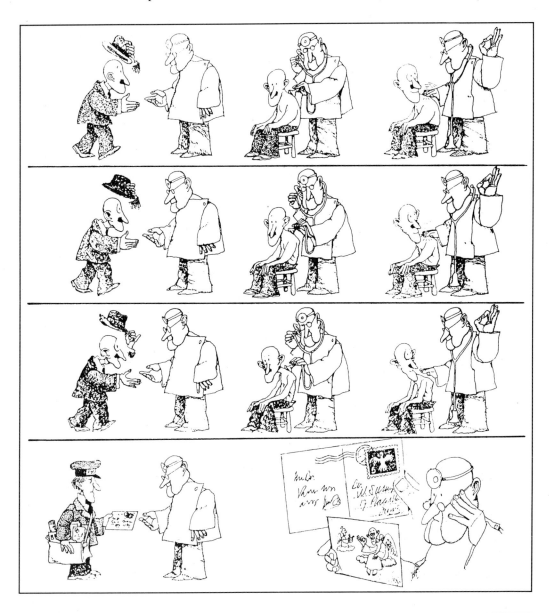

(09) SEPTIEMBRE 1987							**LUNES**	
S	L	M	M	J	V	S	D	(09) SEPTIEMBRE
36		1	2	3	4	5	6	
37	7	8	9	10	11	12	13	**21**
38	14	15	16	17	18	19	20	
39	**21**	22	23	24	25	26	27	**Semana : 39**
40	28	29	30					

quo vadis

7.00	**TELEFONEAR**
30	
8.00	
30	
9.00	
30	
10.00	
30	**ESCRIBIR**
11.00	
30	
12.00	
30	
13.00	
30	
14.00	**VISITAR**
30	
15.00	
30	
16.00	
30	
17.00	
30	**HACER**
18.00	
30	
19.00	
30	

Lección 19

5 Vamos a escribir ...

1. Expresarse

Escríbale una carta al señor Domínguez:

- Vd. le invita a pasar unos días en su casa, si viene a su ciudad.
- Que le llame por teléfono antes de venir, por favor. (Ponga su número de teléfono y el prefijo que tiene que marcar para llamar desde España.)
- Escríbale algo del tiempo que hace de momento,
- y de lo que puede hacer él en su ciudad durante su visita.

2. Expresarse

◀ Apunte lo que va a hacer el lunes que viene.

Intente ahora con su compañero encontrar una posibilidad para ir al cine juntos/para comer juntos/para tomar café juntos. ¿Cuándo podrá ser?

Apunte también esta nueva cita y cuente a los demás lo que quieren hacer su compañero y Vd.

Ahora, imagínese que otra persona le pregunta, algunas semanas después:
¿Con quién se citó?
¿Qué hizo Vd. aquel día?
¿Por qué?

7 Una carta

1. Expresarse

Escriba Vd. una carta a un compañero de la oficina.
Escriba por qué llegará Vd. tres o cuatro días más tarde.
Escriba por qué no ha llamado por teléfono.
¿Quiere Vd. que le diga algo al jefe o a los otros compañeros?

8 Pueblos olvidados

1. Comunicarse

¿Hay en este país mucha gente que se va de los pueblos a las ciudades?
¿Qué les falta en los pueblos?
¿Qué esperan tener en la ciudad?
¿Hay también pueblos que se van quedando vacíos y olvidados?
¿Hay gente que se va de la ciudad a vivir fuera, aunque siguen trabajando en la ciudad?
¿Qué les falta o qué les molesta en la ciudad?
¿Qué esperan tener en el pueblo?
Y Vd., ¿prefiere vivir en el campo (o por lo menos un poco fuera de la ciudad) o en la ciudad misma? ¿Por qué?

9 Capitales latinoamericanas...

1. ⌐Preguntar/responder⌐

El artículo dice que Latinoamerica tiene que encontrar su propio camino porque los modelos de otros países industrializados no sirven.
¿Qué piensa Vd.?

En Europa, ¿aumenta la población o hay cada vez menos habitantes?
¿Hay cada vez más niños que nacen al año, o menos?
¿Hay cada vez más gente que se casa, o menos?
¿Cuál es la ciudad que más habitantes tiene en este país?
¿Sabe Vd. qué ciudades tienen más habitantes en el mundo?

B Zusammenfassung

Wichtige Ausdrucksmöglichkeiten:

Sagen, daß sich jemand freut.
Wichtige Ausdrücke zum Post- und Telefonverkehr.
Eine Absicht ausdrücken.

Se pone contento, está contento, se alegra.
oficina de correos, sello, postal, prefijo

Les escribo para que me manden dinero.

C Übungen zur Wiederholung

1.

a: – Creo que mañana (ir) _____ de excursión. Espero que (hacer) _____ buen tiempo, para que mis hijas (poder) _____ ir a una piscina que hay al lado del restaurante donde solemos comer.
b. – Pues no creo que mañana (hacer) _____ frío. Tampoco creo que (ir a llover) _____. Me parece que (ir a hacer) _____ un día estupendo.
c. – ¿Quiere que le (llamar por teléfono) _____ antes de irnos? Si quiere, puede venir con nosotros. Mis hijas se alegrarán mucho de que Vd. nos (acompañar) _____.
Salimos a las diez. Creo que (ser) _____ buena hora, ¿no le parece?

2.

¿Qué hizo Vd. el viernes?

no hacer nada extraordinario – tener que ir a Salamanca – primero, querer ir en coche – luego, pensarlo bien e ir en tren – ser más cómodo que ir en coche – salir a las nueve

– hablar con unos señores en Salamanca – comer con ellos – quedarse todavía para tomar café – luego volver a Madrid, sobre las 6 – en fin ...
(Cuente más cosas, indique más detalles ...)

Cuente las mismas cosas, hablando de hoy: No he hecho ...

3.

Contrarios

a. me quedo en casa a cenar
salgo fuera a cenar
b. me ha costado trabajo / ───────
c. he entendido algo / ───────
d. el uno / ───────
e. es lo mismo / ───────
f. antes de las siete / ───────
g. ¡cuánto cuesta! / ───────
h. lo hago así / ───────
i. alguien / ───────
j. algo / ───────
k. trabajar / ───────
l. terminar el trabajo / ─────── .

Verwenden Sie die gefundenen Ausdrücke in einem einfachen Satz.

4.

Systematische Wiederholung: Verben der Bewegung

ins Restaurant (hinein)gehen – aus dem Restaurant herauskommen – in den ersten Stock hinaufgehen – in den ersten Stock hinuntergehen – jemand zum Bahnhof bringen (= hinbringen) – etwas aus Spanien mitbringen (= herbringen) – nach Paris fahren – von/aus Paris kommen – aus Paris zurückkommen – jemand am Bahnhof abholen: ir a buscar a alguien a la estación.

5.

Después de mucho tiempo, Vd. vuelve a ver a un antiguo compañero de trabajo.

a. – Trabajo ahora en Sevilla, ¿sabes? Es un buen trabajo ...
– Fragen Sie, seit wann er dort arbeitet. Sie freuen sich, daß er eine gute Arbeit gefunden hat.

b. – Trabajo allí desde hace tres meses. Me gusta mucho.
– Sie freuen sich, daß ihm die Arbeit gefällt. Fragen Sie, ob er schon eine Wohnung in Sevilla hat, ob er sie gekauft oder gemietet hat, ob seine Familie schon in Sevilla ist.

c. Erzählen Sie ihm, daß Sie gerade selbst eine Wohnung gemietet haben. Sie hat vier Zimmer, Küche, Bad, einen großen Balkon ...
Sie ist in einem alten Haus ohne Aufzug (ascensor), im dritten Stock. Man muß alles mögliche in Ordnung bringen, aber sie ist nicht zu teuer.

d. Eigentlich wollten Sie eine kleinere Wohnung, aber es ist so schwierig, eine billige Wohnung zu finden, und Sie wollten nicht mehr länger suchen.

e. – Tienes ya todos los muebles, ¿verdad?
– Mehr oder weniger, ja. Aber der Kühlschrank ist kaputtgegangen. Jetzt suchen Sie einen gebrauchten ...

Lección 20

A Übungen zu den einzelnen Texten

1 ¿Cuándo lo verá?

> futuro de los verbos irregulares
> → 9.2
> cuando + subjuntivo → 6.8
> decir que + subjuntivo → 6.3

1. Preguntar/responder

¿Cuándo verá Vd. la próxima vez a su hermano (padre, madre, etc.)?

¿Cuándo vendrán sus amigos de visita?

¿Cuándo podremos vernos alguna vez por la tarde para que me enseñe Vd. sus diapositivas?

¿Cuándo tendrá Vd. tiempo para ver las mías?

¿Me dirá Vd. cuándo sale de viaje? A lo mejor podemos ir juntos ...

Yo le diré la semana que viene cuándo puedo salir yo, ¿de acuerdo?

2. Expresarse

¿Qué se le ocurre para terminar la frase? Complétela usando **porque** ... o **para que** ...
▼

CUANDO SEAS MAYOR QUIERO QUE SEAS ...

3. Preguntar/responder

¿Cuándo saldrá Vd. de aquí, de la clase, a qué hora?
¿Qué se pondrá Vd. al salir de la clase?
¿Querrá Vd. dar un paseo o irá directamente a casa?
¿Pondrán una buena película esta noche?

4. Sistematizar

¿Qué hará Vd. ...?

- cuando vuelva a casa esta noche
- cuando venga su madre de visita
- cuando tenga más dinero
- cuando tenga más tiempo
- cuando salga de la clase
- cuando alguien le pida algo de dinero
- cuando tenga 60 años
- cuando deje de trabajar
- cuando termine el colegio
- cuando termine los estudios
- cuando le pregunten si quiere ganar más dinero en otra ciudad
- cuando necesite algo un domingo, que las tiendas están cerradas ...

5. Sistematizar

– Dígale a la señora X. **que me llame mañana**, por favor.

Imagínese situaciones parecidas:
Decirle a una persona que le diga a otra persona que haga algo.
Aquí tiene algunas ideas:
venir a buscarle mañana
llevarle a la estación mañana
esperarle a Vd. en casa
pasar por Correos a buscar un paquete que ha llegado
volver a llamarle esta noche

2 Perdone Vd. ...

perdonar que + subjuntivo → 6.4
haya + participio (Pret. perfecto de subjuntivo) → 1.1

1. Expresarse

Vd. llega tarde. Vd. dirá:
— **Perdone que llegue tarde.**
Vd. ha llegado tarde. Vd. dirá:
— **Perdone que haya llegado tarde.**
Vd. tira la botella sobre la mesa en el restaurante. ¿Qué le dice a su compañero de mesa?
Empieza a fumar en el tren, pero luego se da cuenta de que está prohibido.
Telefonea muy tarde a un amigo.
Se sienta en un sitio que no es el suyo (en el teatro, por ejemplo).
Habla muy alto y despierta a alguien.
Se olvida de comprar algo que le había encargado su compañero.
Se olvida de devolver un libro que le había dejado su amigo.

2. Usar frases útiles

Vds. están esperando a uno del grupo que no ha llegado todavía. Imagínese por lo menos 5 cosas que pueden haber pasado (y diga que Vd. espera que no hayan pasado). Por ejemplo:

Espero que no haya perdido el tren.

3. *Comunicarse*

Identifique Vd. los signos del Zodíaco

Según se dice, no es difícil reconocer o identificar el signo solar de los demás. He aquí algunas características de cada signo que le ayudarán a hacerlo. A ver si acierta Vd. en alguno de sus compañeros o si conoce a personas que tienen las características que indicamos...

ARIES
21 marzo – 20 abril

Las dos curvas del Aries pueden reconocerse en los rasgos de su cara: en sus cejas arqueadas y unidas a la línea de la nariz. Son corpulentos y se broncean con facilidad. Los hombres tienen tendencia a la calvicie, caminan a grandes pasos y poseen una risa limpia y resonante.

TAURO
21 abril – 21 mayo

Tienen a menudo el pelo ondulado, la frente estrecha, el cuello corto y ancho, y tendencia a aumentar de peso. El tono de su voz es bajo y agradable. Les gusta la ropa cara. Los jóvenes seguro que se compran los vaqueros más caros del mercado.

GEMINIS
22 mayo – 21 junio

La forma más fácil de reconocerlos es observar su manera de andar: es tan airosa y saltarina... Suelen ser delgados, inquietos y despiertos. Gesticulan mucho. Les gusta «flirtear», van muy a la moda, y les encanta el amarillo.

CANCER
22 junio – 22 julio

No es difícil reconocerlos: Su cara es redonda y su frente, tersa. Su piel es tan sensible que casi no pueden tomar el sol, pues enseguida adquiere un suave tono remolacha. Tanto ellos como ellas son descuidados en la manera de vestir.

LEO
23 julio – 22 agosto

A los Leo les gusta ser líderes, aunque están dispuestos a ser esclavos de quien ellos respeten o admiren. Su cara recuerda al león. No dan importancia a su nariz, normalmente ancha y regia. Son más sensibles y fáciles de herir de lo que parece. Les gustan las joyas auténticas, no las «baratijas».

VIRGO
23 agosto – 23 septiembre

Probablemente el Virgo es el más ocupado de los 12 signos, el que tiene más cosas que hacer en un día de trabajo. Les gusta «servir» a los demás, y son tímidos. También son polifacéticos y de mente ágil. Sufren indisposiciones de estómago como signo de preocupación.

LIBRA
24 septiembre – 23 octubre

Generalmente la cara de los Libra tiene algo de apagada, pero su pelo es hermoso y suelen ser atractivos y encantadores. Al escuchar suelen inclinar la cabeza de un lado, luego de otro: es un gesto típico de ellos.

ESCORPIO
24 octubre – 22 noviembre

Tienen una expresión profunda y se concentran en cada palabra que Vd. dice. Sus ojos están siempre escrutando. Los Escorpio poseen una voz interesante. A menudo visten prendas de cuero.

SAGITARIO
23 noviembre – 21 diciembre

Los Sagitario suelen conservar siempre un aire de «eterno estudiante». Llevan barba tanto si está de moda como si no. Casi siempre tienen una frente ancha las cejas rectas. Poseen un vivo entusiasmo por todo y les gusta hacer nuevas amistades.

CAPRICORNIO
22 diciembre – 20 enero

Suelen ser altos y un poco encorvados. Las arrugas que van de la nariz a la boca son bastante marcadas. Las mujeres suelen tener las piernas bonitas. La palabra «moderación» es la que mejor los describe.

ACUARIO
21 enero – 20 febrero

Una característica física de los Acuario son sus párpados caídos. En todos los grupos étnicos tienen la piel más clara de lo normal y el pelo fino. Son amistosos y habladores, aunque algo distantes. Andan derechos y con buen porte.

PISCIS
21 febrero – 20 marzo

Si sospecha Vd. que la persona que acaba de conocer es Piscis, mírele a los pies: a menudo los tiene cruzados. Luego mírele a los ojos, que suelen derretirnos. Su aspecto puede ser muy original, y llevan el pelo generalmente un poco revuelto.

3 Lo siento, pero ...

> sentir que + subjuntivo → 6.4
> conmigo, contigo → 25.2
> volver: vuelto → 14.2

1. *Usar frases útiles*

Un amigo le cuenta algunas cosas que hace o que ha hecho. Contéstele siempre diciendo — **(Es una) lástima que ...** y explique por qué lo siente. Por ejemplo:

— He sacado dos entradas para ir al teatro contigo.
— Lástima que no hayas sacado tres, porque precisamente hoy tenía tantas ganas de llevar también a X.

Mañana por la mañana no tengo tiempo.
He quedado en ir al cine mañana con una amiga mía.
Pasado mañana tengo un examen, y tengo que estudiar todavía.
He olvidado comprar vino.
He reservado una mesa en el restaurante chino.
Me he olvidado de traer el libro de español.
He perdido el disco que me dejaste la semana pasada ...
No me acuerdo de cómo se llamaba ese libro sobre Perú ...

2. *Sistematizar*

Pregunta tú a los demás

— quién tiene un periódico para ti
— quién quiere ir al cine contigo
— quién podría sacar entradas para ti
— quién puede hacer mañana algo por ti
— quién quiere ir a la biblioteca contigo
— a quién le interesa saber algo más de ti
— a quién le gustaría ir a esquiar contigo
— quién habla mal de ti cuando no estás
— si uno se ha enfadado contigo porque llegaste tarde
— si quieren tomar una copa contigo ...

4 Tuve un accidente

> si no, ... → 32

1. *Preguntar/responder*

Cuando Vd. viaja en tren, ¿le gusta conocer a otras personas?
¿Empieza Vd. mismo/misma la conversación?
¿Se acuerda Vd. de una persona que conoció en un tren?
¿Fue interesante la conversación? ¿De qué hablaron?
¿Con qué tipo de personas le gusta hablar?
¿De qué le gusta hablar en el tren, con gente que acaba de conocer?
¿Ha seguido a veces en contacto con alguna persona que conoció en un viaje o en unas vacaciones?
¿Dónde suele conocerse la gente de su edad?

2. Comunicarse

Discutan Vds. la situación de este señor.

¿Qué cosas han pasado antes?

¿Qué va a hacer este señor después de despertarse?

Inventen Vds. la carta que escribirá este señor a sus amigos.

Lección 20

3. Usar frases útiles

Complete Vd. estas frases como quiera:

Tengo que tomar un taxi, porque **si no**, ...
Voy a cerrar la ventana, si no, ...
Tenemos que comprar las entradas del concierto hoy, si no, ...
Voy a estudiar un poco más en casa, si no, ...
Voy a llevar el coche al taller de reparaciones, si no, ...
A ver si mi hermano me deja algo de dinero, porque si no, ...
¿Me puedes ayudar con estas maletas tan pesadas? Si no, ...
Desgraciadamente, esta noche tendré visita, si no, ...
Mañana no podré salir, si no, ...

Cuente algunas cosas que hace o que ha hecho Vd. y diga por qué. (... porque si no, ...)

5 Emilio Muñoz, torero

1. Comunicarse

¿A qué jugaba Vd. a los nueve años?
¿Decía Vd. entonces: Cuando sea mayor, ...?
¿Tendría Vd. el valor de hacer frente al toro?
¿Puede Vd. comprender la fascinación de los toros?
¿Qué le parece más interesante: una corrida de toros, un campeonato de boxeo, un partido de fútbol o una carrera de automóviles?
¿Le parece que Emilio toma en serio su profesión?
¿Qué cosas toma Vd. en serio, por ejemplo?
¿Hay cosas que Vd. no toma demasiado en serio?
¿Qué profesiones prefiere hoy la gente joven?

B Zusammenfassung

Wichtige Ausdrucksmöglichkeiten:

Sagen, daß man etwas machen wird.
Dabei den Zeitpunkt angeben.
Jemand bestellen lassen, was er tun soll.
Sich entschuldigen.

Bedauern ausdrücken.
Einige neue Zeitangaben.

lo haré
cuando venga/haya venido mi padre
Dígale que me llame.
Perdone que no le haya escrito. Perdone que me vaya.
Siento mucho que Vd. no se quede a cenar.
pasado mañana; anoche

C Übungen zur Wiederholung

1.

— ¿Cuándo visitará Vd. a su hijo en América? (me invitará)
— **Cuando me invite.**

a. — ¿Cuándo venderá Vd. su coche?
   (tendré el dinero para comprar otro nuevo)
b. — ¿Cuándo saldrá (va a salir) Vd. de viaje?
   (tendré todo preparado)
c. — ¿Cuándo sabrá (va a saber) Vd. exactamente el día?
   (recibiré un telegrama de mi jefe)
d. — ¿Cuándo tendrá Vd. más tiempo?
   (volveré del viaje)
e. — ¿Cuándo se irá Vd. de vacaciones este año?
   (tendré tiempo, pero todavía no sé cuando)
f. — ¿Cuándo dejará Vd. de fumar?
   (me lo prohibirá – verbieten – el médico)
g. — ¿Cuándo va Vd. a dar un paseo hoy?
   (vendrá/va a venir mi hermano)
h. — ¿Cuándo irá Vd. a París?
   (me lo dirá/va a decir mi jefe)
i. — ¿Cuándo volverá Vd. de París?
   (habré terminado lo que tengo que hacer allí)

2.

— Mañana viene el señor García. ¿Quiere que (decirle) _____ algo?
— Sí, por favor, dígale que (llamarme) _____ o que (escribirme) _____ o que (mandarme) _____ un telegrama, o que (pasar) _____ por mi casa cuando (ir) _____ a Madrid la semana que viene o cuando (querer) _____, pero dígale que (no olvidarse) _____ porque me gustaría al fin saber lo que vamos a hacer.

3.

Entschuldigen Sie sich oder sagen Sie, daß es Ihnen leid tut.

Siento llegar tarde. (Siento que llegue tarde. Perdone Vd. que llegue tarde.)

a. Vd. no ha podido llamar.
b. Vd. no ha llamado por teléfono.
c. Vd. se ha olvidado de llamar.
d. Vd. ha tirado el vaso de vino.
e. Se le han caído al suelo las patatas.
f. Vd. no se ha dado cuenta (de que la otra persona estaba esperando).
g. Vd. molesta (a la otra persona).
h. Vd. no tiene tiempo ahora.

4.

a. — Quiere Vd. abrir la puerta, por favor?
   — La puerta está *abierta*.
b. — ¿Le dices al camarero que traiga más vino?
   — Ya se lo he _____.
c. — ¿Cuándo vas a escribir a tus padres?
   — Ya les he _____ una carta.
d. — ¿No tienes nada más que hacer?
   — No, ya he _____ todo lo que tenía que hacer.

e. – ¿Verás mañana al señor García?
   – Mañana, no. Lo he _____ hoy.
f. – ¿Cuándo volverán tus amigos de la excursión?
   – Han _____ esta tarde.
g. – Cuidado (Vorsicht), no rompas el vaso.
   – Ay, se me ha caído. Está _____.

5.

Cuente Vd. lo que hizo el pasado fin de semana. Si quiere, puede contestar algunas de estas preguntas:

¿Qué tiempo hacía?
¿Cómo estaba Vd.? ¿Cómo se encontraba?
Entonces, ... ¿Qué hizo Vd.?
¿Se quedó en casa?
¿Leyó un libro?
¿Vio la televisión?
¿Oyó música?
¿Invitó Vd. a alguien a venir a su casa?
¿O salió Vd.?
¿Salió a dar una vuelta?
¿Fue al cine o al teatro?
¿Fue al campo?
¿Le invitó alguien?
En total, ¿lo pasó Vd. bien o fue un fin de semana un poco aburrido?

6.

A ver qué dice Vd. en estas situaciones:

a. – ¿Vamos al cine? Te invito.
   – Sie haben heute keine Lust, ins Kino zu gehen. Im Fernsehen ist ein gutes Programm. Fragen Sie Ihren Freund, ob er nicht auch meint, daß es eine gute Idee wäre, zu Hause zu bleiben und fernzusehen.
   (Al final, Vd. ha ido con él al cine.)
   – Fragen Sie, wie ihm der Film (la película) gefallen hat. Fragen Sie, welche der beiden Schauspielerinnen (las actrices) ihm besser gefallen hat, die blonde oder die dunkle.

b. – Erzählen Sie Ihrem Freund, daß Sie Carmen López getroffen haben.
   – ¿Carmen López? ¿Quién es?
   – Sie wundern sich, daß er sich nicht an sie erinnert. Sie lernten sie zusammen letztes Jahr kennen (conocer – kennenlernen), in den Ferien. Sie schwamm (nadar) sehr gern, sie schwamm auch sehr gut. Sie ist ziemlich groß (alta) und dunkelhaarig ...
   – ¿Estaba allí con su novio, un chico muy simpático de Alicante?
   – Ja, genau! Sie läßt Ihren Freund grüßen.

Lección 21

A Übungen zu den einzelnen Texten

1 Es probable que ...

> es probable/posible que + subjuntivo
> → 6.6
> llegar: llegue → 6.1
> creía que me ibas a ayudar (creía
> que me ayudarías) → 18.3

1. *Preguntar/responder*

¿Cuántas familias viven en la casa donde vive Vd.?
¿Conoce a todas?
¿Qué sabe y qué podría contar de los vecinos de arriba o de abajo, o del primer piso o del segundo, o de la izquierda o de la derecha?
¿De qué hablan cuando se encuentran por la escalera o en el ascensor?
¿Cree Vd. que el contacto es más o menos el mismo en España que en este país?

2. *Sistematizar*

Fíjese en cómo se escriben (y cómo se pronuncian) estas formas del imperativo:
No llegue tarde. – No aparque aquí. – Coja un taxi.

Diga y escriba las formas del imperativo (Vd.):

- no coger el coche
- sacar el coche del garaje
- jugar con nosotros
- explicarnos lo que ha pasado
- llegar un poco antes
- no chocar contra la casa
- tocar la guitarra
- buscar el bar La Habana
- no equivocarse
- pagar la cuenta
- aparcar allí enfrente
- encargar una paella para mañana

3. *Usar frases útiles*

Vd. hará algunas cosas en la semana que viene. De algunas está completamente seguro, otras las hará Vd. posiblemente o probablemente. Diga por lo menos seis cosas empezando así:

– Es seguro que (haré esto).
– Es probable que (lo haga).
– Es posible que (lo haga).

2 ¿Te ayuda tu marido?

ayudar a + infinitivo → 31.7

1. *Sistematizar*

¿Para qué quieren muchas mujeres que el marido despierte a los demás?
Para que ...

¿Para qué quieren que él prepare el desayuno a veces?
¿Para qué quieren que él ayude a limpiar?
¿Para qué quieren que él haga la compra?
¿Para qué quieren que él vaya a hablar con los profesores?
¿Para qué quieren que él controle los deberes de los niños?

2. *Usar frases útiles*

En una familia, todos ayudan a todos.
Los niños pueden ayudar a ...
El marido puede ayudar a ...
La mujer puede ayudarle al marido a ...
Los hermanos pueden ayudarse unos a otros a ...
¿Y sus amigos, le ayudan?

3. *Expresarse*

Cuente Vd. lo que hace esta señora durante el día.

¿Qué le dice su marido cuando vuelve a casa?

3 La mujer española y el trabajo

un/el 30 por ciento → 19.6
estar decidido a → 31.7
les parece normal que +
  subjuntivo → 6.6

1. *Expresarse*

¿En qué profesiones cree Vd. que trabajan sobre todo mujeres en este país?
¿Hay muchas mujeres que son médicos (ingenieros, abogados, jueces)?
¿Hay muchas mujeres que son políticos, por ejemplo diputados en el parlamento?
¿Está Vd. contento/contenta con la situación de la mujer en la sociedad?
¿Qué está Vd. personalmente decidido/decidida a hacer de otra forma que sus padres?

¿Le parece normal que el hombre vaya a trabajar y que la mujer se quede en casa con los niños?
¿Le parece mejor que la mujer también trabaje fuera?
¿Hay suficientes trabajos para unas horas al día (trabajos de media jornada)?
¿Le parece normal que el hombre se quede en casa y que la mujer salga a trabajar?
¿Le parece que hay trabajos típicos «de hombre»?
¿Y trabajos que son «cosa de mujeres»?
Hay en España un brandy (Weinbrand) que, según la casa que lo fabrica, «es cosa de hombres». ¿Qué le parece este «slogan»?

2. *Sistematizar*

El profesor le va a explicar primero las palabras de la página siguiente que no entiende. Se trata de profesiones y de objetos que tienen que ver con ellas. ¿Puede Vd. explicar la relación que tienen?
Desde luego, alguno de los objetos puede tener relación con varias profesiones. ▶

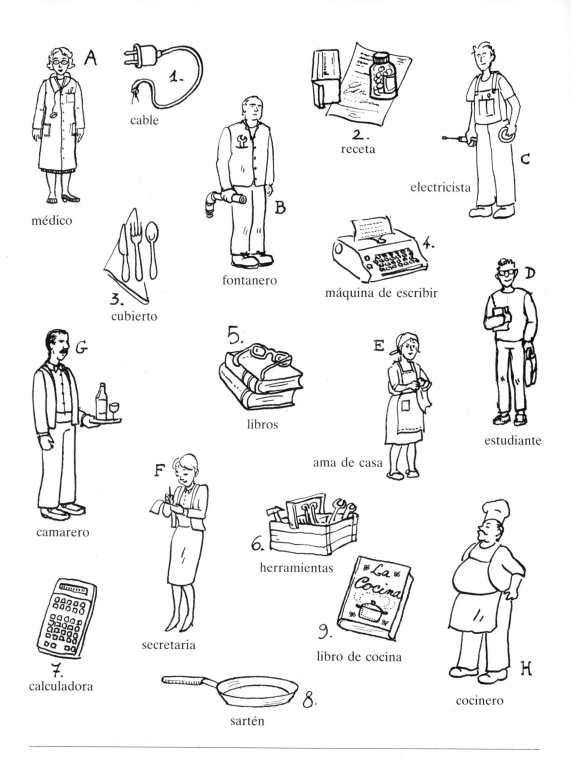

4 La juventud

1. Preguntar/responder

Según el artículo, ¿cómo ve la juventud española su futuro?
¿Es la juventud española muy diferente de la de otros países europeos?
¿Qué dice el texto de la relación entre padres e hijos?
¿Cómo ven los jóvenes el matrimonio?
¿Igual que sus padres?
¿Cuál es para ellos el papel de la mujer?
¿Está Vd. de acuerdo?
¿Se interesan por la política?
¿Qué dicen o piensan los jóvenes de la sociedad española?

2. Comunicarse

Sie wollen von einem jungen Spanier etwas über seine Vorstellungen erfahren. Fragen Sie ihn,

– was er von seiner Situation hält (parecer).
– wie er seine Zukunft sieht.
– ob er sich für Politik interessiert.
– was ihn interessiert.

3. Expresarse

El señor que está en el centro, ¿en qué edificio trabaja?
¿Le parece a Vd. que todo está bien organizado?
¿Reconoce Vd. al señor, que hemos visto antes?
▼

Lección 21

B Zusammenfassung

Wichtige Ausdrucksmöglichkeiten, die Sie kennengelernt haben:

Über Tätigkeiten im Haushalt sprechen.	Vgl. Text 2
Ein Urteil über andere abgeben.	Deja mucho que desear. Debería hacer algo. Es un poco aburrido.
Möglichkeit oder Wahrscheinlichkeit ausdrücken.	Es posible que sea así. Es probable que sea así.
Sagen, was besser ist (raten).	Es mejor que no vayamos.

Wichtig für Gespräche und Diskussionen sind eine Reihe von Ausdrücken und Floskeln, die immer wieder verwendbar sind.

a. Einleitungen für das, was Sie sagen wollen

Mire Vd./Mira: ...	En realidad, ...
Es que ...	Me parece que ...
Ya sabe Vd. que	A mí me parece que ...
Por cierto, ...	Creo que ...

b. Sie antworten im Gespräch

Pues, ...	¿Quiere Vd. decir que ...?
Bueno, ...	Depende.

c. Sie sind der gleichen Meinung

Claro.	Claro, es lo que digo, y además ...
Desde luego.	Estoy completamente de acuerdo con Vd.
Sí, tiene Vd. razón.	Estoy de acuerdo con lo que dice.
Yo también creo que ...	¡Muy bien dicho!

d. Sie sind anderer Meinung

No creo.	Bueno, sí, pero ...
No estoy de acuerdo con esto.	Pero por lo menos hay que decir que ...
Sí, tiene Vd. razón, pero ...	En fin, no sé ...

e. Sie beenden Ihre Äußerung (und hoffen auf Zustimmung)

– ..., ¿qué le parece?	– ..., ¿no es así?
– ..., ¿no le parece?	– ..., ¿entiende lo que quiero decir?
– ..., ¿no es verdad?	– ..., ¿comprende?

C Übungen zur Wiederholung

1.

a. Me alegro _____ buen tiempo que hace.
b. Estoy en casa ¿Puede venir _____ buscarme?
c. Mi mujer no está en casa. Tengo que cuidar _____ los niños.
d. Lo voy a hacer, pero hoy no me da tiempo _____ hacerlo.
e. A mi mujer no le gustaría trabajar de momento. Prefiere dedicarse _____ los niños pequeños.
f. En las vacaciones, dejará _____ fumar.
g. No sé qué vamos a hacer mañana. Depende un poco _____ tiempo.
h. Ahora que tenemos un hijo, mi marido empieza _____ ayudarme un poco en casa, pero en fin ...

2.

El marido de Carmen tiene ahora más trabajo que antes y está menos en casa. Ella cuenta y comenta:

– Ayer fue mi cumpleaños, y además, no me encontraba muy bien. Mi marido preparó el desayuno.
   Antes, siempre lo preparaba él ...

a. Hizo las camas.
b. Me ayudó a limpiar la casa.
c. Llevó a la niña al colegio.
d. Fue a hacer la compra.
e. Lavó los platos.
f. Se levantó cuando la niña lloró por la noche.

Ahora, el marido de Carmen cuenta lo que hizo ayer, porque era el cumpleaños de su mujer, y además, ella no se encontraba muy bien.

– Preparé el desayuno. (Antes, cuando tenía todavía más tiempo, casi siempre lo preparaba yo, y me gustaba hacerlo ...)

3.

Aconséjele a su amigo lo contrario. Raten Sie Ihrem Freund das Gegenteil.

– Mañana iré a Barcelona.
– **Es mejor que no vayas.**

a. Tomaré parte en la excursión.
b. Preguntaré por qué no ha venido ella.
c. Protestaré en la dirección antes de irme.
d. Haré la reparación yo mismo.
e. Hablaré hoy mismo con el jefe.
f. Haré el viaje de todas maneras.
g. Compraré ese coche de segunda mano, que es muy barato.

4.

Vd. no está muy seguro, pero claro, es posible que ...

– ¿Viene Paco?
– **Es posible que venga.**

a. ¿Tú crees que Pepe tendrá tiempo hoy?
b. ¿Es Elena la novia de Pepe?
c. ¿Tu padre está en casa?
d. ¿Tu hermana va al cine esta noche?
e. ¿Puede hacer ese trabajo tu hermano?
f. ¿Conoce tu padre al señor Gutiérrez?

5.

Vd. no lo sabe exactamente, pero cree que es probable lo que le preguntan.
– ¿Vendrá Paco?/¿Va a venir Paco?
– **Es probable que venga.**

a. ¿Va a haber problemas?
b. ¿Vas a ver ese programa en la tele?
c. ¿Vas a volver mañana?
d. ¿Empezarás a aprender francés?
e. ¿Va a salir Carmen esta noche?
f. ¿Tu hermano podrá hacer ese viaje?
g. ¿Crees que tu padre va a decir que sí?
h. ¿Traerá Carmen la guitarra para cantar?
i. ¿Te dará tu padre el coche?
j. ¿Se va a poner/se pondrá la niña el vestido nuevo que le has comprado?
k. ¿Hay una película en la televisión?
l. ¿La vais a ver?
m. ¿Viene también Paco?
n. ¿Vais a salir después?

6.

A ver qué dice Vd. en esta situación.

– Ya sabe que ayer hice la excursión.
– Fragen Sie, wie der Ausflug war, ob der Bekannte Glück mit dem Wetter hatte, ob es regnete, ob es im Gebirge schneite, ob seine Frau mit ihm und der Gruppe ging, ob die Kinder auch mitgingen und ob sie machen konnten, was sie gedacht hatten.

Vd. le cuenta también lo que hicieron Vds. el pasado fin de semana.

Sie standen früh auf. Sie fuhren ans Meer/an den Strand. Sie schwammen und sonnten sich (tomar el sol). Es gefiel Ihnen sehr, weil sehr schönes Wetter war. Sie blieben bis fünf Uhr am Strand. Dann fuhren Sie zurück, nach Hause. Sie kamen erst um zehn Uhr an, weil ein fürchterlicher Verkehr war.

Lección 22

A Übungen zu den einzelnen Texten

1 En el dentista

> me duele muchísimo → 22.4
> quédese, pase, siéntese
> → 12.1, 12.2, 12.3

1. *Preguntar/responder*

Imagínese que le duele una muela, en un viaje por España. Prepárese para explicarle al dentista todo lo que sabe y lo que puede ser importante.

¿Desde cuándo le duele?
¿Cuándo empezó a dolerle?
¿Le duele todo el tiempo?
¿Le duele siempre igual?
¿Le duele tanto que no puede dormir?
¿Cuándo le duele más? ¿Cuándo le duele menos?
¿Prefiere que el dentista le saque la muela o no?
¿Y qué le dice a la señorita para que le dé hora hoy mismo y no la semana que viene?

2. [Sistematizar]

La señorita de la consulta del dentista le ha dicho:

– Quédese. Espere Vd. ...
¿Qué le dirá el dentista?

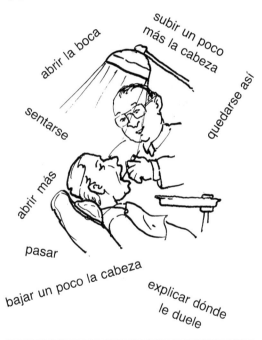

2 ¿No tiene apetito?

> estar rico; ser ligero → 16.2

1. Distinguir

Comentarios en el restaurante:

es / está / tiene

La comida _____ muy rica. Me gusta mucho.
La ensalada _____ bastante picante.
La carne casi no _____ grasa, pero _____ un poco dura.
El vino _____ ligero.
La cerveza _____ caliente.
El café _____ riquísimo, ¿no te gusta?

2. Usar frases útiles

En una comida, en un restaurante, cada uno ha pedido una cosa diferente.
Diga Vd. qué es lo suyo y cómo está.
Pregunte a su amigo qué es lo suyo y cómo está.
Pregunte a una señora qué es lo suyo y cómo está.
Dos amigos suyos han pedido un plato juntos. Pregúnteles qué es lo suyo y cómo está.

3 No sé qué me pasa

por la discusión → 31.3
anoche + Pretérito perfecto simple → 8.3

1. Expresarse

Uno del grupo no se encuentra bien. Los otros no saben nada de enfermedades ni de Medicina, pero todos le dicen cosas que puede probar. A ver quién tiene las ideas más originales. Discutan primero lo que debería o podría hacer, para decírselo luego. Por ejemplo:

Lo mejor es que no coma nada durante tres días.
¡No comas nada durante tres días!
Lo que tiene que hacer es meterse en la cama.
¡Métete en la cama! etc.

2. Comunicarse

¿En qué le hace pensar este dibujo?

Lección 22

3. *Usar frases útiles*

Cuente Vd. algo de lo que hizo o de lo que le pasó anoche.

4. *Expresarse*

Un amigo suyo se ha cambiado de piso. ¿Por qué cree Vd. que será? Imagínese varias razones (Gründe):

Será por ...
Será porque ...

4 ¡Que te mejores!

```
que te mejores → 6.3
se me quita → 24.4
tan + adjetivo/adverbio → 22.3
```

1. *Usar frases útiles*

Cuando tiene Vd. fiebre, ¿cómo se le quita mejor?
Cuando tiene dolor de cabeza, ¿cómo se le quita mejor?
Cuando tiene agujetas (Muskelkater), ¿cómo se le quitan mejor?
Cuando tiene mucha sed, ¿cómo se le quita mejor?

2. *Distinguir*

Vd. está enfermo, en casa. Conteste Vd. a los amigos que le llaman por teléfono:

Estoy seguro que ...
Desgraciadamente no creo que ...

¿Podremos ir al cine mañana?
La semana que viene tendremos una fiesta en casa. ¿Estarás bien hasta entonces?
¿Es un buen médico el que tienes?
¿Tienes todo lo que necesitas para comer?
¿Te van a ayudar un poco tus vecinos (Nachbarn)?

3. *Expresarse*

¿Qué dice ella?
¿Qué piensa él?
¿Qué más podría Vd. contar de la vida de los dos?

Lección 22

5 ¿Te has hecho daño?

arreglando el coche → 15.3.c

1. Comprender

Combine Vd. lo mejor posible:

Me he enfriado	comiendo estupendamente bien.
Me he hecho daño en la mano	discutiendo con el jefe.
He perdido bastante peso	saliendo sin chaqueta ni nada.
Me he mojado muchísimo	abriendo la puerta.
Me he puesto enfermo	bebiendo sólo agua.
Me he puesto muy nervioso	trabajando en el jardín.

2. Expresarse

¿Qué le sugiere esta foto? ¿En qué le hace pensar?
¿Qué hace este señor?
¿Ha pasado algo antes?¿O va a pasar algo? Si la foto es el anuncio de algo, ¿de qué podría ser?

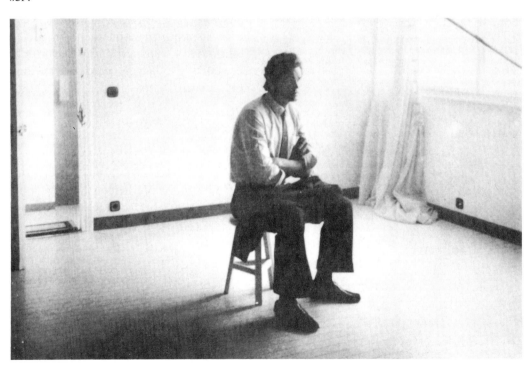

3. ⌈Expresarse⌉

¿Qué le dices a la persona que dice que le duelen las manos de escribir tanto? Por ejemplo:

¿Y por qué escribes tanto? ¡Escribe menos! ¡No escribas tanto! ¿No te puede ayudar tu marido/mujer?, etc.

Sigue con los ejemplos del texto:
Me duelen los ojos de leer, etc.

7 Por favor, ven

> venir: ven → 12.2
> hace 2 días que no puedo → 31.4

1. ⌈Expresarse⌉

Amalia Contreras, que está enferma, llama por teléfono a una señora un poco mayor que vive enfrente y que es muy amable.
Preparen Vds., en pequeños grupos, el diálogo entre las dos señoras.
Preséntenlo luego a la clase.

2. ⌈Sistematizar⌉

El médico quiere saberlo todo exactamente. Contéstele:

hace..., desde...,
      desde hace...

¿Cuándo se dio cuenta Vd. de que tenía fiebre? (4 días)
¿Desde cuándo empezó a subir la fiebre? (lunes)
¿Cuánto tiempo hace que no ha comido nada? (24 horas)
¿Desde cuándo ha tomado esta medicina? (una semana)
¿Desde cuándo tiene los dolores tan fuertes? (ayer)

8 Natema

> mientras → 32

1. ⌈Preguntar/responder⌉

¿Prefiere Vd. las medicinas de la industria química o más bien medicinas e infusiones naturales?
¿Hay en nuestro país también curanderos? ¿Qué piensa Vd. de ellos?
¿De qué países vienen las drogas?
¿Sabe qué tipos de droga hay?

9 Román Elé

1. ⌈Expresarse⌉

Román era alto, muy derecho, con una piel muy bonita, «hermoso de cabeza a pies».

¿Puede Vd. explicar un poco cómo es una persona conocida por todos, como por ejemplo algún político, artista, etc.?

B Zusammenfassung

Einige wichtige Ausdrucksmöglichkeiten:

Sich um einen Arzttermin bemühen.	vgl. Text 1
Höflich mit einem Besucher umgehen.	Pase Vd., quédese, siéntese Vd.
Vom gesundheitlichen Befinden sprechen.	Me duele ... Estoy perfectamente bien.
Ein Essen loben.	Está rico, está riquísimo.
Von einer Absicht sprechen.	Tengo la intención de (comprar algo).

Machen Sie sich wieder einmal die Stellung von **me, le** usw. klar:

le *vor* der Personalform des Verbs	le gusta
bejahender Imperativ + le	dígale eso
Infinitiv + le	hay que llamarle

se — manchmal übersetzbar, manchmal nicht

a) als Teil des reflexiven Verbs

sentarse	se sienta	siéntese	sich setzen
llamarse	se llama Ana		„sich nennen"

b) die unpersönliche Form „man"

se habla español	man spricht Spanisch

c) **se me quita** — eine eigene spanische Konstruktion

se me quita la fiebre	das Fieber „nimmt sich mir weg"
se le quita la fiebre	das Fieber „nimmt sich ihm weg"
se le acaba el dinero	das Geld geht („sich") ihm aus
se me ha olvidado	ich habe es vergessen
	(„es hat sich mir vergessen")

d) **se** — nur ein umgewandeltes **le, les**

Le traigo el periódico.	Ich bringe Ihnen die Zeitung.
Se lo dejo sobre la mesa.	Ich lege *sie Ihnen* auf den Tisch.

C Übungen zur Wiederholung

1.

Vd. está hablando con un señor al que acaba de conocer en el tren.

¿Vamos a tomar algo en el cocherestaurante? (venir) _____ Vd., le invito a tomar café. (sentarse) _____ Vd. aquí, parece que está libre. Vd. ha dicho que va a México: (tomarse) _____ Vd. el tiempo de visitar Yucatán. Por cierto, llegaremos a Barcelona con mucho retraso. (quedarse) _____ Vd. hasta mañana, le puedo recomendar un hotel. (A la llegada, ese señor quiere ayudarle con sus maletas). (no molestarse) _____ Vd., no son muy pesadas.

2.

estaba / estuvo

Fui al dentista porque me (doler) _____ una muela. No (pedir) _____ hora porque (estar) _____ de paso en la ciudad y (tener que) _____ seguir el viaje. (preguntar) _____ a la señorita si el doctor me podía ver. Ella me (decir) _____ que le iba a preguntar. Media hora después, el dentista me (sacar) _____ la muela. Fue la única solución.

3.

Vd. ha prometido a sus padres ponerse en contacto con ellos inmediatamente después de llegar a España. Habla Vd. con un amigo español.

a. Sie haben ganz vergessen, Ihren Eltern zu schreiben.
b. Jetzt ist es zu spät zum Schreiben.
c. Man weiß ja nicht, wie lange ein Brief braucht.
d. Das beste wird sein, ihnen ein Telegramm zu schicken, damit sie sich keine Sorgen machen.
e. Eine andere Idee wäre, sie anzurufen.
f. Fragen Sie, ob es irgendwo in der Nähe eine Telefonzelle gibt.
g. Ist sie „international"?
h. Sie glauben, daß Sie die Vorwahl für Deutschland haben.
i. Sie werden jetzt sofort anrufen.

Poco después, Vd. le dice:

j. Sie haben versucht anzurufen. Beim erstenmal war belegt (estaba comunicando).
k. Das zweitemal antwortete Ihr Vater sofort.
l. Er hat sich sehr gefreut.
m. Ihre Eltern hatten sich schon ein bißchen Sorgen gemacht.
n. Sie haben versprochen, bald wieder anzurufen.

Lección 23

A Übungen zu den einzelnen Texten

1 ¡Felicidades!

> ¡que cumplas muchos! → 6.3

1. *Preguntar/responder*

¿Qué hace Vd. de especial el día de su cumpleaños? ¿Cómo lo celebra (feiern)?
¿Y qué hacen sus padres/sus hijos, sus amigos ese día?
En España se celebra sobre todo el (día del) santo. ¿Y aquí?

2. *Expresarse*

Diga Vd. por lo menos tres cosas que desea Vd., en el día de su cumpleaños,
— a su amigo, su amiga
— a una chica de 15 años
— a una señora mayor, etc.

3. *Comunicarse*

Imagínese quiénes son estas personas.
¿A quién manda cada uno su paquete?
¿Qué puede haber en el paquete?
¿Qué nota hay en el paquete?
¿Qué piensa la persona que lo recibe y qué escribe?

2 ¡Que se diviertan!

¡que se diviertan! → 6.3

1. ⌈Usar frases útiles⌋

Diga Vd. por lo menos 3 situaciones en que le dice a otra persona:
¡Que se divierta(n) Vd(s).!
¡Que te diviertas!

Y diga Vd. cuándo dice esto:
¡Que te mejores!
¡Que cumplas muchos!
¡Que tengas éxito!
¡Que te vaya bien!
¡Que todo te salga bien!

2. ⌈Usar frases útiles⌋

Yo me divierto, por ejemplo, leyendo. ¿Cómo y cuándo se divierte Vd.?

3 No me molesta en absoluto

permitir que + subjuntivo → 6.3
de ninguna manera; en absoluto
 → 33.4
aunque → 32

1. ⌈Usar frases útiles⌋

¿Me permite que ...?

¿Qué cosas podría Vd. preguntar con esta frase
– estando en el piso de una persona que no conoce muy bien? (pasar un momento al cuarto de baño; llamar por teléfono, etc.)
– viajando en tren?
– después de haber conocido a una persona muy simpática?
– cuando otra persona tiene una cosa que Vd. necesita o le interesa?
(periódico, revista, guía, etc.)

2. ⌈Expresarse⌋

Empiecen Vds. una conversación con cada una de estas frases:
¿Le molesta que fume?
¿Le molesta que ponga la radio? (ponerla alta, ponerla más baja)
¿Le molesta que cambie de programa (de televisión)?

3. ⌈Comunicarse⌋

Seguramente conoce Vd. a una familia con niños. Cuente Vd. (y comente un poco qué le parece a Vd.) lo que les permiten y lo que no les permiten a los niños.

4 Que pase buena noche

ir al hotel dando un paseo
 → 15.3.c

1. *Preguntar/responder*

¿Qué ve Vd. desde la ventana de su habitación?
¿Qué ve desde la ventana de esta clase?
¿Le gusta lo que ve?
¿Qué le gustaría ver desde su ventana?
¿Le gusta volver a pie a su casa después del trabajo o después del cine, etc.?

5 Los emigrantes

> un amigo mío → 26.2
> que; en que → 29.1
> tener (la) intención de → 31.7

1. *Comunicarse*

¿Cuáles son los problemas que cree Vd. que tiene un obrero emigrante?
¿Cuál de todos estos problemas cree Vd. que es el más grave, o cuál sería el más grave para Vd.?

2. *Sistematizar*

Cuente Vd. todo lo que le dijo su compañero antes de ver el programa de televisión:
– Dijo que daban un programa ... Dijo que le interesaba porque ...

3. *Expresarse*

Acuérdese Vd. de una visita o de una llamada telefónica que hizo Vd. hace algunos días. Cuente algo de lo que dijo Vd. y de lo que dijo la otra persona.

Cuente Vd. lo que contaron sus amigos el domingo pasado.

Cuente Vd. lo que dijeron anoche en las noticias de la televisión.

4. *Sistematizar*

Diga Vd. que está un poco desilusionado. Por ejemplo:

– No tengo tiempo. No voy al cine contigo.
– **Creía que irías al cine conmigo.**
Esta noche tendré que ir a casa enseguida. No me quedaré.
No podré ir con vosotros a tomar una copa.
Tampoco te puedo llevar a casa en mi coche.
La semana que viene no vendré.
¿Sabes que no vendo mi coche?
Para el concierto del viernes he comprado sólo una entrada.
Para mañana he reservado una mesa en el restaurante chino ...

6 Andalucía

1. *Comprender*

Pregunte a su profesor o mire en un diccionario:

el paro
la construcción
el seguro (de paro)
solucionar
aprovechar las materias primas
desesperación
límite

Ahora, puede Vd. comprender las informaciones más importantes del texto.

Según el texto,
¿qué Andalucía conoce la gente, en general?
¿cuál es la Andalucía real?
¿es triste el paisaje de Andalucía?
¿cuál es el problema del campo en Andalucía?
¿qué se necesita en Andalucía?
¿Y en qué piensan los extranjeros pensando en Andalucía?

B Zusammenfassung

Wichtige Ausdrucksformen:

Zu verschiedenen Gelegenheiten Glück wünschen.
Viel Vergnügen wünschen.

Eine gute Nacht wünschen.
Auf des andern Wohl trinken.
Auf gute Wünsche reagieren.
Sagen, daß sich der andere keinen Zwang antun soll.
Höflich einen Gefallen anbieten.
Freude, Überraschung, Entsetzen usw. ausdrücken.

¡Felicidades! ¡Te felicito!

¡Que se divierta(n) Vd(s).! ¡Que te diviertas!
¡Que pase buena noche! ¡Que descanse!
¡A su salud! ¡A tu salud!
Gracias, igualmente.
¿Le molesta? – En absoluto. De ninguna manera.
Lo hago con mucho gusto.
¡Qué coche más bonito! ¡Qué chica más guapa! ¡Qué chico más malo!

C Übungen zur Wiederholung

1.

en - con - a - de

a. – ¿_____ qué estás pensando?
   – _____ las vacaciones. ¡Qué ilusión!
b. – ¿Vienes mañana?
   – Mañana no puedo, he quedado _____ unos amigos.
c. – ¿Has hablado con Juan?
   – No, quedó _____ llamarme, pero nada ...
d. – ¿Nos sentamos _____ esta mesa? Aquí estamos muy bien.
e. – ¡Cuánto ha tardado Vd. _____ venir!
   – Lo siento, pero ...
f. – ¿Puede Vd. venir a las 7?
   – Sí, trataré _____ no llegar tarde.
g. – Cuándo podemos volver _____ vernos?
   – Cuando quiera.
h. – Tenía la intención _____ invitarle para mi cumpleaños, pero ...

2.

Suchen Sie Wörter/Ausdrücke, die mehr oder weniger das Gegenteil bedeuten.

a. volver a escribir
b. yo mismo
c. siempre
d. son iguales
e. hemos tenido suerte
f. alegrarse por Juan
g. una habitación doble
h. empezar a llover

Verwenden Sie die gefundenen Ausdrücke in einem einfachen Satz.

3.

Sagen Sie ungefähr das gleiche, aber ohne die *kursiv* gedruckten Wörter zu verwenden.

a. Las dos hermanas son bastante *parecidas*.
b. Nos vemos la *próxima* semana.
c. No es *suficiente*.
d. Podemos *empezar* con unas gambas a la plancha.
e. Ahora fumo *la mitad* de lo que fumaba antes.
f. Estos cigarrillos son muy *populares* en España.
g. *Prefiero* ir andando.

4.

Äußern Sie Ihre Begeisterung oder Überraschung:

– Hace una noche muy bonita ...,
  ¡qué noche más bonita/tan bonita!

a. ¿Le gusta la sopa? Está muy rica ...
b. El aparato que tiene Pepe es muy práctico.
c. La habitación que me han dado es muy simpática ...
d. Mi secretaria es muy amable.
e. La cocina de Beatriz es muy moderna.
f. Mira el traje que me he comprado. Es muy ligero.

5.

En una oficina:

– ¿Está el señor Lozano?
– No, todavía no (llegar) _____ . No

sé exactamente cuándo (venir) _____, pero no (tardar) _____ mucho. ¿Quiere esperarlo?
— Pues mire, (preferir) _____ ir enfrente a tomar un café, y luego (volver) _____.
— De todas formas, cuando (llegar) _____ el señor Lozano le diré que Vd. ya ha estado aquí ...

6.

Gute Wünsche: ¡Que ...!

Alles Gute (ir bien)! — Alles Gute, viel Vergnügen (pasarlo bien)! — Viel Vergnügen (divertirse)! — Gute Besserung (mejorarse)! — Einen schönen Tag (pasar un buen día)! — Gute Nacht (pasar buena noche)! — Glückwunsch zum Geburtstag (cumplir muchos)!

7.

Le llama por teléfono un amigo que pasa de vez en cuando por la ciudad en que vive Vd.

a. — Sie haben nicht verstanden, wer da spricht.
 — Soy Jorge, Jorge Pérez, de Barcelona ...
 — Sie sind überrascht, erfreut. Sie fragen, wie es ihm geht. Sie fragen ihn, wie lange Sie sich nicht mehr gesehen haben. Sie meinen, mindestens vier Monate.
 — Sí, hace mucho tiempo. Oye, ¿sabes qué? Estoy de paso y me gustaría verte un rato y charlar.
b. — Sagen Sie ihm, daß es Ihnen sehr leid tut, aber Sie haben keine Zeit. Zur Zeit haben Sie schrecklich viel Arbeit. Aber wenn er das nächste Mal kommt, wird es anders sein. Dann werden Sie zusammen ausgehen können. Ach, übrigens — fällt Ihnen ein —, Jorge kennt Ihren Freund/Freundin (novio/novia) noch nicht, oder? Das nächste Mal werden Sie ihn ihm/ihr vorstellen. Schade, daß es diesmal nicht sein kann.
c. — Fragen Sie, wie es seiner Frau geht.
 — Gracias, muy bien. En realidad, ella quería venir conmigo, pero de repente se puso enferma la niña, y he tenido que viajar solo ...
 — Sagen Sie, daß Sie das schade finden. Wünschen Sie für die Kleine gute Besserung. Kommen Sie zum Schluß. Er soll entschuldigen, daß Sie heute keine Zeit haben.
 — En fin, ¿qué le vamos a hacer (was können wir schon ändern)?
 — Wünschen Sie ihm noch alles Gute und verabschieden Sie sich.

8.

de- en- por - sobre

a. — ¿Vas a reservar una mesa?
 — Sí, _____ eso me encargo yo.
b. — ¿Cómo? ¿Vd. viene hoy?
 — Ah, claro, me he equivocado _____ el día.
c. — ¿Vamos mañana mejor que pasado mañana?
 — Pues yo estoy _____ acuerdo.
d. — Mañana no podré venir.
 — Podemos hablar _____ teléfono.
e. — ¿Vd. compra la casa?
 — Primero tenemos que hablar _____ el precio.

Lección 24

A Übungen zu den einzelnen Texten

1 Aquí tiene Vd. mis papeles

> reír: riendo → 2.3
> darse cuenta de que → 31.7

1. *Preguntar/responder*

¿Deja Vd. conducir a otra persona cuando ha bebido mucho?
¿O dice que le deje conducir a Vd. si Vd. no ha bebido nada?
¿O hace llamar un taxi?
¿Lleva Vd. siempre su carnet de conducir?
¿Y su documento de identidad (Personalausweis)?
¿O los deja a veces en casa cuando cambia de chaqueta?
¿Dónde y cuándo le hacen enseñar estos papeles?

2. *Distinguir*

dejar / hacer

No me han _____ aparcar delante del hotel.
No _____ Vd. abierta la puerta, por favor.
¿Y por qué no me _____ Vd. hablar? ¡Escuche!
Me han _____ esperar media hora.
Tengo que _____ llamarme por teléfono, si no, no me despierto a las seis.
El profesor nos _____ repetir la frase.
Ahora ya mi familia me _____ vivir tranquilo.
El jefe nos _____ trabajar mucho.

2 ¿Dónde he dejado las llaves?

> quizás + subjuntivo → 6.10
> en ningún sitio; por todas partes
> → 31.1, 31.3

1. *Preguntar/responder*

¿Qué es lo que más pierde Vd.?
¿Le preocupa mucho si pierde cosas o le da igual?
Y si otras personas pierden cosas de Vd., ¿se enfada mucho o le da igual?
¿Cuál sería la solución ideal para no perder nada?

Hay un refrán que dice: «Cada cosa en su sitio y un sitio para cada cosa.» ¿Tiene Vd. un sitio para cada cosa?
¿Dónde deja las llaves del coche y las llaves de la casa?
¿Dónde deja las gafas cuando se las quita?
¿Dónde deja el dinero?
¿Dónde lleva el billete de tren cuando va de viaje?
¿Dónde pone los números de teléfono que le interesan?

2. Distinguir

en - por

— ¿Ha estado Vd. _____ España?
— Sí, primero _____ Madrid, luego _____ Sevilla. Después hemos viajado _____ toda Andalucía, hemos dado una vuelta _____ Extremadura, y al volver a Francia hemos pasado _____ el País Vasco.

3. A Sistematizar

Mire Vd. esta habitación. Así estaba antes. Su compañero tiene (en la pág. 204) un dibujo en el que se ve cómo está ahora. Vd. habla sobre lo que ve y apunta las diferencias.

Lección 24

3. B Sistematizar

Mire Vd. esta habitación. Su compañero tiene en la pág. 203 un dibujo en el que se ve cómo estaba antes. Vd. habla sobre lo que ve y apunta las diferencias.

3 En la gasolinera

1. Expresarse

¿Prefiere Vd. el autoservicio (Selbstbedienung) en las gasolineras?
¿Qué le pide Vd. al hombre de la estación de servicio?
¿Se le ha estropeado alguna vez el coche en un viaje? ¿Qué hizo Vd.?
¿Qué se puede comprar en muchas estaciones de servicio?

¿Dónde hay estaciones de servicio abiertas durante la noche?
¿Va Vd. siempre a la misma estación de servicio? ¿Por qué (no)?

4 Están de huelga

servir: sirve → 2.3
seguro que → 6.6

1. *Expresarse*

¿Por qué estarán de huelga los empleados de las gasolineras?

Según el texto, la Guardia Civil sirve gasolina al público. ¿Sería posible esto en este país?

¿Qué huelgas cree Vd. que son más desagradables para la gente, en general: las de tranvías, autobuses y Metros (transportes públicos), las de los periódicos, las de la recogida de basuras (Müllabfuhr), etc.?

¿Ha habido este año una huelga importante en este país?

2. *Usar frases útiles*

¿Compra Vd. el periódico normalmente? ¿Para qué **le sirve**?

¿Tiene Vd. una máquina de escribir? ¿Para qué le sirve?

¿Tiene Vd. eurocheques? ¿Cuándo le sirven?

¿Tiene Vd. coche? ¿Para qué le sirve?

3. *Comunicarse*

¿Qué le sugiere este dibujo?
▼

4. Expresarse

Miren Vds. las fotos: Hay una persona (un hombre), dos objetos (unas gafas y unas cartas de juego) y un edificio. Cuenten Vds. una historia en que salgan estos elementos.

5 ¿Le da miedo?

1. *Expresarse*

A mí no me da miedo ir en avión, me encanta. A Vd., ¿le da miedo ir en avión?
¿Y no le da miedo ir en barco?
¿Cree Vd. que hay más accidentes de coches que de aviones?
¿Qué forma de viajar cree Vd. que es la más peligrosa/la más segura?
¿Cuándo le da miedo ir en coche?
¿Cree Vd. que hay más accidentes de Metro que de coches?
¿Cree Vd. que es tan peligroso ir en tren como ir en coche?
¿Cree Vd. que mueren tantas personas en accidentes de avión como en accidentes del tráfico?
¿A Vd. le sienta mal ir en autobús? ¿Qué le sienta mejor? ¿Qué le sienta peor?
¿Qué le cansa más!

6 De la vida de los mayas

se extendió (Pret. perfecto simple)
→ 8.3
eran (Pret. imperfecto) → 7.2, 7.3

1. *Comunicarse*

El texto habla de diferentes detalles de la vida de los mayas. Diga lo que le parece a Vd.
– la idea de tener un esclavo.
– el ideal de belleza física que existe ahora, p. ej. el tipo (Figur) que «hay que tener».
– lo más importante en el mundo moderno: la rueda, el teléfono o la Medicina.
– la idea que tenían los mayas de la mujer y del matrimonio.

B Zusammenfassung

Wichtige Ausdrucksmöglichkeiten:

Auf ein Verbot hinweisen.
Eine Vermutung aussprechen.

Ausdrücken, daß man Pech hat/sich über sich ärgert.
Verschiedene Reaktionen beschreiben.

Sagen, daß man nichts dagegen hat.
Sagen, was einem (nicht) gut tut.

Aquí no se puede ...
¿Tendrás las llaves en el coche? ¿Las habrás dejado puestas?
Ay, ¡qué cosas me pasan!

Me preocupa. Me pongo muy descontento.
Me enfado. Me da igual. Me da miedo.
No tengo nada en contra (de eso).
Me sienta bien/muy mal. Me sienta fatal.
Para mí es más sano ...

Verwechseln Sie bitte nicht:
sentar bien   wohltun
sentirse bien sich wohlfühlen

C Übungen zur Wiederholung

1.

– ¿Ha llegado el señor García?
– Sí, habrá llegado.

a. ¿Está en casa Pepe? (sí)
b. ¿Cuántos años tiene Carmen? (unos 20 años)
c. ¿Qué hora es? (las 3)
d. ¿Qué tiempo hace hoy en la costa? (buen tiempo)
e. Juan todavía no ha llegado. ¿Sabe alguien si puede venir? (hoy no)
f. Y Anita, ¿tiene tiempo hoy? (hoy no)
g. Carlos tampoco ha venido. A lo mejor lo ha olvidado ... (sí)
h. Pero Pepe seguro que viene. (sí)

2.

a - con - de - por - sin

a. – Estoy tratando _____ arreglar mi coche. _____ lo menos quiero llegar con él hasta el próximo garaje.
b. – Ayer tuvimos una gran discusión _____ el nuevo gobierno. Resultó que nadie estaba muy contento _____ el gobierno, pero tampoco veíamos una solución _____ momento.
c. – ¿Por qué quiere Vd. marcharse tan _____ prisa?

– Tengo la intención _____ salir de viaje mañana temprano, y tengo que dormir, si no, ...

d. – Pase Vd. mañana _____ mi oficina. Allí podemos empezar _____ discutir lo que vamos a hacer.

– Sí, será _____ duda lo mejor.

3.

Vd. quiere trabajar en una agencia de viajes en España. Habla Vd. con el director, que le hace varias preguntas.

a. – ¿Cuánto tiempo ha estudiado Vd. el español?
– Zweieinhalb Jahre. Sie haben vor drei Jahren angefangen.
– Vd. habla bastante bien el español. ¿Cuánto tiempo hace que Vd. está aquí, en X.?

b. – Sie kamen vor sechs Monaten nach Spanien und Sie sind seit Februar in X. Seit März arbeiten Sie in einem Büro, aber die Arbeit gefällt Ihnen nicht allzusehr. Sie hätten lieber eine andere Arbeit. Dort in dem Büro haben Sie wenig Kontakt mit anderen Leuten, und die Arbeit ist ziemlich langweilig. Sie würden lieber mit anderen Leuten reden, ihnen helfen, nicht jeden Tag das gleiche machen ...

c. – Tenemos bastantes clientes de Francia, de Inglaterra, etc.
– Sagen Sie, daß Sie Französisch und Englisch können. Englisch können Sie sprechen, Französisch verstehen Sie wenigstens. Und natürlich können Sie Maschine schreiben (escribir a máquina).

d. – Bueno, me parece que tiene Vd. bastante experiencia y que sabe mucho, pero ... Ya sabe Vd. que aquí no se gana tanto como en algunos otros países ...
– Fragen Sie, wieviel Sie verdienen würden und wieviel Urlaub Sie hätten.
Fragen Sie, wie die Arbeitszeiten („Arbeitsstunden") wären, und ob es wohl möglich wäre, in einen Spanischkurs zu gehen, weil Sie gern noch besser Spanisch lernen würden.

Was würden Sie sonst noch gern sagen, fragen, vorschlagen?

Lección 25

A Übungen zu den einzelnen Texten

1 Una nota para Vd.

> preguntar por → 31.7
> dijo que no podía esperar; dijiste que pasarías → 18.3
> habíamos quedado (Pret. pluscuamperfecto) → 7.1, 7.3
> ser: sea → 3.14
> dije, dijiste, dijo → 3.3

1. *Preguntar/responder*

Cuando va al teatro con un amigo, ¿suele él venir a buscarle o suele Vd. ir a buscarlo?
Cuando su amigo necesita un libro que tiene Vd., ¿qué le dice Vd.? (venir a buscarlo/ir a llevárselo)
Cuando quiere hablar con un amigo, pueden quedar en un bar o reunirse en casa de uno de los dos. ¿Qué le propone? (venir a verme/ir a verte)
Cuando está invitado Vd. en este país a comer o a cenar, ¿qué lleva Vd. de regalo?
Y cuando Vd. invita a gente a tomar café, ¿también le traen algo de regalo?

2. *Distinguir*

Distinga Vd.:

preguntar por una persona = preguntar dónde está
preguntar a una persona = hacerle una pregunta a esta persona
preguntar algo a una persona = querer saber una cosa y hacer la pregunta a una persona (preguntarle la cosa, preguntársela)

Alguien ha preguntado _____ Vd., pero le he dicho que no está Vd.
¿Me permite Vd. que _____ pregunte una cosa?
Seguro que Paco sabe dónde está Carmen. Mañana _____ _____ voy a preguntar.

3. *Sistematizar*

Sí, **para que** (no) ...
No, para que (no) ...

¿Suele Vd. acompañar a su amiga/mujer/marido cuando va de compras?
Cuando quiere ir al teatro con una amiga, ¿la va a buscar en coche?
Cuando ha quedado con un amigo, ¿trata Vd. de ser puntual?
¿Llama Vd. por teléfono al amigo si ve que Vd. va a llegar tarde?

4. Sistematizar

Lea lo que escribe Julia a Luis:

> Querido Luis:
> Deberías escribir lo antes posible a tu madre, diciendo cuándo vais a venir este año a pasar las vacaciones. Está preocupada, porque hasta ahora no habéis dicho nada y no sabe si es que no vais a venir por aquí. Ya sabes que a ella le gusta prepararlo todo con tiempo. Te lo digo porque ayer me llamó y me lo estuvo contando.
>
> Un abrazo, Julia

a. Cuente lo que escribe Julia. (Escribe/dice que Luis debería ..., diciendo cuándo van a venir ...)

b. Cuente lo que escribió Julia. (Escribió/dijo que Luis debería ..., diciendo cuándo iban a venir ...)

5. Sistematizar

Lea lo que contesta Luis a Julia:

> Querida Julia:
> Gracias por tu carta. Todos los años es lo mismo. Mi madre se pone nerviosa con lo de preparar la casa para el verano y yo no sé qué quiere preparar. ¡Si está todo tan bien! De todas maneras la llamaré diciéndole cuándo llegamos, que será poco más o menos a primeros de agosto. ¿Estaréis allí vosotros entonces?
>
> Un abrazo,
> Luis

a. Cuente lo que escribe Luis.

b. Cuente lo que escribió Luis.

6. Comunicarse

¿Qué pasa en esta historia?
¿Qué puede haber contado, por ejemplo, el señor de la primera escena?
¿Qué cuenta el señor de la penúltima escena al cocinero?
¿Quién es la señora que lo escucha por casualidad, comprando berenjenas?

7. Distinguir

Lea estas frases. A ver si todavía le queda una duda de cómo se usan **ser** y **estar**.

¿Es despistado su profesor?
¿Es sano fumar?
¿Estamos completamente sanos todos?
¿Es demasiado lento nuestro curso?
¿Es demasiado rápido?
¿Es seco el clima de nuestra ciudad?
¿Estarán secas las calles esta noche?
¿Es sucia nuestra ciudad?

¿Están completamente vacías las calles a la una de la noche?
¿Estará apagada la televisión en su casa ahora?
¿Es fuerte el tabaco que Vd. fuma?
¿Está Vd. lo suficientemente fuerte para llevar mi maleta a la estación?
Fumar es fatal para la salud, ¿verdad?
Yo, esta noche estoy fatal.
¿Es nervioso su profesor?
¿Está su profesor más nervioso hoy que otros días?
El autobús de las 10, ¿es el último?
¿El tiempo que hace de momento es extraordinario para esta época del año (Jahreszeit)?

Vuelva Vd. a leer las frases y conteste: Sí, creo que .../Sí, me parece que ...
No, no creo que ...

8. Sistematizar

Me ha dicho ...
que vendrá mañana.
que se quedará tres días.
que hará lo que me ha prometido.
que me dirá todo lo que sabe.
que tendrá bastante tiempo libre estos días.
que podrá ayudarme a hacer algunas cosas que yo no puedo hacer solo.
que se alegra mucho de poder venir.
que quiere pasarlo bien conmigo.
que en su casa todos están bien.
que su madre ya tiene 60 años.
que su hermana se ha casado.

Cuente Vd. lo mismo una semana más tarde:
Me dijo que vendría.

2 Lima

sin ... ni ... → 33.1

1. Comunicarse

¿Cuál es, para Vd., la ciudad más bonita de este país?
¿Cuál es la ciudad más importante?
¿En qué ciudad(es) hay el mejor clima? (¿Está en el norte o en el sur?)
¿Cuál es el edificio más bonito de esta ciudad o de esta región?
¿Quedan muchas personas que nacieron aquí?
¿Quedan muchas casas o iglesias antiguas?
Las personas que vienen de fuera, ¿cuánto tiempo suelen quedarse?
¿Se quedan algunos para vivir aquí? ¿Por qué vienen y por qué se quedan?
¿Le parece que el clima de aquí, en general, es sano y agradable?

3 Pedro, el campesino de Teotitlán

desde hace muchos años → 31.4
construyendo → 15.1
habrá reunido → 9.2

1. *Preguntar/responder*

¿Hay personas en este país que tienen 50 años pero representan menos?
¿Hay personas que quieren parecer más jóvenes?
Para los campesinos de este país, ¿es el agua un problema?
¿Cómo se podrían aumentar las cosechas en esta región?
¿Hay en esta región también algo de artesanía?
La artesanía de aquí, ¿tiene una tradición tan larga como en México?
¿Qué piensa Vd. de las «tiendas tercermundistas» (Dritte-Welt-Läden)?
¿Hay aquí todavía campesinos que van a la ciudad a vender sus productos?
¿Quién lleva los productos del campo a los mercados?
¿Qué mercados hay hoy día de vez en cuando?

4 La cordillera más larga

las (zonas) que se encuentran ...
→ 29.2
a 12 kilómetros de; a 2.000 metros de altura → 31.2

1. *Comprender*

Resuma Vd. en una frase sencilla el contenido de cada párrafo del texto. Luego, háganse Vds. estas preguntas:

¿Qué países sudamericanos atraviesa la cordillera de los Andes? (Mirar un mapa.)
¿Encuentra en el mapa algunos picos de más de 6.000 metros?
¿Qué le atrae más a Vd. personalmente para hacer un viaje a Sudamérica?

B Zusammenfassung

Wichtige Ausdrucksmöglichkeiten:

Sagen, daß man abgeholt wird/jemand abholen wird.
Versprechen, etwas zu tun.
Erstaunen ausdrücken.
Einen Brief an Freunde schreiben.
Sagen, was jemand sagte, dachte usw.

Vienen a buscarme. Le voy a buscar.

Le prometo llamarle mañana.
¿Cómo es posible que seas tan despistado?
Querido Felipe: ... Un (fuerte) abrazo, ...
Creía que me ibas a ayudar. Dijo que no podía esperar. Dijiste que pasarías a las dos.

C Übungen zur Wiederholung

1.

a - de - con - en - por

a. – Vamos a tomar un Jerez. ¡_____ tu salud!
b. – ¿Cómo sueles ir a la oficina? ¿_____ coche?
   – No, _____ pie.
c. – Me duele la cabeza _____ beber demasiado vino.
d. – ¿Me acompaña Vd.?
   – _____ mucho gusto.
e. – ¿No le gusta la nueva secretaria?
   – No tengo nada en contra _____ ella.
f. – Ha pasado un señor que ha preguntado _____ Vd., pero no ha dejado su nombre.

2.

¿Puede Vd. decir más o menos lo mismo, sin emplear la palabra *en cursiva*?

a. Ha llegado un autobús lleno de *extranjeros*.
b. Estas cosas tengo que hacerlas *poco a poco*.
c. Me parece que Vd. *no tiene razón*.
d. *Me ha costado bastante trabajo* reunir el dinero para comprar el piso.
e. *Te había prometido* pasar a las tres.
f. ¿Le molesta? – *En absoluto*.

3.

Fordern Sie zum Gegenteil auf:

– ¡Siéntese!
– ¡No se siente!

a. El café, tráigalo ahora mismo, por favor.
b. Las flores, póngalas ahí en la mesa.
c. Ese viaje, hágalo en agosto.
d. Todo lo que sabe Vd., dígaselo a Pepe.
e. El dinero que le han dado, déselo a Ana.

4.

lo / le / se lo ...

a. – ¿Sabe Vd. dónde vive el Sr. Ordóñez? ¿O el número de su teléfono?
   – La dirección _____ puedo dar. Es Carretas 12. El número de teléfono no _____ puedo dar, porque no _____ tengo anotado. Pero puede Vd. llamar a Información y _____ darán.
b. – Oye, Paco, cuando veas a tu amigo, no _____ olvides de preguntarle por ese disco de Atahualpa Yupanqui. Dile que _____ traiga la próxima vez. ¿No _____ olvidarás?
   – No, no, no _____ preocupes, ya _____ diré. Pero ya _____ he dicho varias veces, y siempre _____ olvida.

5.

Achten Sie auf die Aufforderung (tú) und sagen Sie dann das Gegenteil.

— *Siéntate* aquí.
— No, no te sientes aquí.

a. *Ven* mañana, por favor.
b. El café, *tráelo* ahora mismo, por favor.
c. Las flores, *ponlas* ahí en la mesa.
d. *Vete* (irse) a pie, es mejor.
e. Ese viaje, *hazlo* en agosto.
f. Todo lo que sabes, *díselo* a Pepe.
g. El dinero que te han dado, *dáselo* a Ana.

6.

Wie? Auf welche Art? In welcher Weise? (Wortschatzwiederholung)

leiser/lauter sprechen — langsamer sprechen — es anders (auf andere Art) machen — etwas mit/ohne Absicht machen — etwas gern machen — eilig weggehen — plötzlich anfangen

Denken Sie sich für jeden dieser Ausdrücke einen Satz oder eine kleine Szene aus.

7.

Vd. acaba de llegar a una estación de ferrocarril. Quiere quedarse en la ciudad para verla y seguir su viaje después, el mismo día.

a. — Sie sprechen jemand an und fragen, wo die Gepäckaufbewahrung (la consigna) ist.
— Pues mire Vd ..., no sé. Pero allí tiene Vd. la consigna automática esa, ya sabe Vd. donde se echan unas monedas (Münzen) ...

b. — Sagen Sie, daß Sie leider nur Papiergeld bei sich haben. Fragen Sie den Mann, ob er Ihnen wechseln kann.
Bedanken Sie sich.
Ahora va Vd. a la taquilla (Schalter) para informarse exactamente y para estar seguro de los horarios, etc.

c. — Sagen Sie, daß Sie am Abend weiterfahren wollen nach Sevilla.
Fragen Sie, ob es stimmt (es cierto), daß es um 17.19 Uhr einen Zug gibt.
Fragen Sie, ob er direkt geht oder ob Sie umsteigen müssen.
Fragen Sie, ob der Zug einen Speisewagen hat.

d. — Fragen Sie, ob der Zug normalerweise sehr voll ist und ob es besser (oder notwendig) ist, eine Platzkarte zu haben (tener reserva). Fragen Sie schließlich, ob es eine Möglichkeit gäbe, nachts zu fahren.
— Sí, claro, hay un tren que lleva coche-cama y literas (Liegewagen). Puede Vd. conseguir una plaza en el tren mismo, ahora en marzo no hay problema.

Lección 26

A Übungen zu den einzelnen Texten

1 Si fuera posible ...

si fuera posible me gustaría
→ 11.2, 11.3
contigo → 25.2
es lástima que + subjuntivo
→ 6.4, 6.6

2 ¿Qué harías ...?

Pret. imperfecto de subjuntivo:
 hubiera, estuviera, tuviera, fuera,
 dijera, pudiera → 11.2
Pret. pluscuamperfecto
 de subjuntivo:
 si hubieras llamado → 11.2
Condicional: podría, tendría, saldría,
 haría, diría, vendría → 10.2

1. *Preguntar/responder*

Si su amigo fuera a España, ¿qué le encargaría Vd.?
Si fuera a Francia, ¿qué le encargaría Vd.?
Si fuera a Inglaterra, ¿qué le encargaría Vd.?
Si fuera a varios países, ¿a qué país le gustaría acompañarle?
Si alguien le invitara a ir a España, ¿a qué parte le gustaría ir?

2. *Expresarse*

Piensen Vds. algunas cosas que **son lástima**.
Por ejemplo: Es lástima que el curso termine/haya terminado tan pronto ...

1. *Sistematizar*

¿Qué harías si tuvieras más tiempo?
¿Qué harías si tuvieras más dinero?
¿Qué harías si tuvieras hambre, o sed?
¿Qué harías si tuvieras prisa?
¿Qué harías si tuvieras mucho interés en aprender español rápidamente?
¿Qué harías si tuvieras dolores muy fuertes de repente (plötzlich)?
¿Qué harías si pudieras cambiar algunas cosas en este país?

2. *Sistematizar*

¿Se alegraría Vd. ...?
si le invitaran a ir a España

si le invitaran a ir a Latinoamérica
si le regalaran unos esquís nuevos
si le pagaran un viaje a México
si ya empezaran las vacaciones
si no tuviera que levantarse tan temprano todos los días
si pudiera hacer un viaje a España
si le tocara la lotería
si hiciera mejor tiempo

3. Expresarse

Vamos a imaginarnos algunas situaciones.

¿Qué haría Vd. ...?
— si volviera a casa y no hubiera electricidad en ninguna de las habitaciones
— si volviera a casa y viera una ventana abierta, estando seguro que lo dejó todo bien cerrado al salir
— si hubiera perdido su monedero con bastante dinero dentro
— si tuviera que trabajar sólo cuatro días a la semana (o cinco días, pero menos horas)
— si un chico que conoce muy poco le dijera que va a España en coche y que puede ir con él
— si le ofrecieran trabajar por tres años en Latinoamérica
— si le ofrecieran a su marido/a sus padres trabajar por tres años en Latinoamérica

Háganse Vds. unos a otros más preguntas de este tipo.

4. Expresarse

La foto de la p. 219 es de un anuncio comercial. ¿De qué le parece a Vd. que podría ser? ¿Qué texto le pondría Vd. para anunciar el producto de que se trata, según su opinión?

3 Media pensión

media pensión → 19.7

1. Preguntar/responder

¿Cuántos días al año sale Vd. fuera, de vacaciones?
En las vacaciones, ¿suele Vd. ir a un camping o a una pensión/a un hotel?
Si va al hotel, ¿prefiere alquilar sólo la habitación o tomar media pensión o pensión completa?
¿Cuáles son las ventajas de la media pensión?
¿Cuáles son, para Vd., las ventajas de la pensión completa?
¿Cuales son, para Vd., las desventajas de la pensión completa?
¿Cuánto cuesta, poco más o menos, pasar la noche en una pensión?

2. Preguntar/responder

¿Cuántas patatas guisa Vd., como mínimo, **por persona**?
¿Cuánta fruta compra Vd. por persona?
¿Cuánta gasolina gastan los coches hoy día por 100 kilómetros?
Los pisos de aquí, ¿cuánto cuestan por metro cuadrado?
¿Cuánto pan come Vd. **al día**?
¿Cuánta leche bebe Vd. a la semana?
¿Cuántos días libres tiene Vd. al año?

3. Expresarse

Aquí tiene Vd. el final de tres conversaciones diferentes. Imagínese lo que se ha dicho antes.

– Como quieras.
– Cuando quieras.
– Lo que quieras.

4. Comprender

Busque Vd. las combinaciones posibles:

Es probable que
Es posible que
Probablemente
Si es posible,

nos quedaremos una semana.
nos podemos quedar una semana.
tomemos media pensión.
no tomaremos la pensión completa.
nos decidamos a tomar media pensión.
nos darán una habitación con vista al mar.
nos hagan un precio especial.

4 Vendedora inteligente

> no puedo ni respirar → 33.1
> estar estrecho (ancho, gordo, delgado, bien) → 16.2
> ser práctico (azul, oscuro, claro) → 16.2
> se lo podemos mandar → 24.7
> me quedo con ellos → 31.7

1. Usar frases útiles

Practiquen esta breve conversación entre vendedora y comprador/compradora:

– ¿Le gusta esta falda?
– Sí, me quedo con ella.
– Se la podemos mandar a casa, si quiere.

estos zapatos, estas botas, esta chaqueta, esta falda, estas blusas, este traje, este abrigo de cuero, estas camisas, este jersey de seda, este vestido

2. Expresarse

La compradora dice que **no puede ni respirar**. Complete Vd. estas frases:

– El pantalón me está tan estrecho que ...
– Tengo tan poco tiempo libre que ...
– Estoy tan cansado que ...
– Tengo tanta hambre que ...
– Tengo de momento tan poco dinero que ...
– Tengo hoy tanto trabajo que ...

3. Distinguir

le queda – se queda – me queda – queda con – se queda con

¿Cuál de estas expresiones puede Vd. emplear en las situaciones siguientes?

El avión de su amigo va a salir en dos horas.
Su amigo ha gastado prácticamente todo su dinero.
Su amigo se ha probado en una tienda una chaqueta que le está muy bien.
Su amigo quiere volver a ver mañana a una chica que acaba de conocer.
Su amigo no ha cenado todavía, y Vd. prepara una cena. (¿Se va él?)
Vds. cenan juntos, pero no comen toda la carne.

5 El bañador

> cambiar por → 31.7
> está prohibido/permitido → 16.2

1. Sistematizar

En el dibujo de la p. 222 casi todo el mundo está haciendo cosas que parecen prohibidas. ¿Las encuentra Vd. todas?
¿Se le ocurren más cosas que están prohibidas (en la calle, en el tren, en el parque, en la oficina, en el colegio, en ...)?
¿Por qué estará prohibida cada una de estas cosas?
¿Están permitidas estas cosas en otro sitio? ¿Por qué? ▶

2. Distinguir

¿Le ha pasado alguna vez algo inesperado con un pantalón o una chaqueta o un jersey que compró?
¿Perdió el color cuando lo lavó? ¿O cambió de color?
¿Se volvió estrecho cuando lo lavó?
¿Se lo cambiaron?
¿Se lo cambió la misma vendedora que se lo vendió?
¿Le devolvieron (zurückgeben) el dinero que había costado?

3. Distinguir

ser / estar

El bañador _____ azul. Me parece que _____ un azul bastante bonito. Pero _____ bastante oscuro. No me _____ estrecho.
Me _____ bastante bien. Creo que _____ lo que buscaba. El precio _____ rebajado.
Así que _____ imposible cambiarlo, _____ prohibido.

4. Expresarse

¿Cree Vd. que algunas cosas que están permitidas deberían estar prohibidas? ¿Y que algunas cosas que están prohibidas deberían estar permitidas?
Discutan Vds. en pequeños grupos y convenzan (convencer: überzeugen) a los demás:

Debería estar permitido ...
Debería estar prohibido ...

6 ¿Dónde está la policía?

1. Preguntar/responder

¿Puede Vd. oír música mientras trabaja?
¿Ve Vd. la televisión mientras cena?
¿Qué hace Vd. mientras está esperando el autobús o el Metro o el tren?
¿Qué hace Vd. mientras su amigo/marido se está probando una chaqueta?
¿Qué hace Vd. mientras su amiga/mujer se está probando un vestido?

2. Expresarse

Les acaban de robar en el coche mientras ...
Escriban Vds. un informe para la policía española, indicando
— dónde aparcaron el coche
— dónde estuvieron mientras les robaban
— qué les robaron
— si tienen una idea de quién puede haber sido, describiendo a las personas que habían visto por allí
— el valor (en pesetas) que tenían las cosas que les han robado
— dónde están Vds. de momento.

3. Comunicarse

¿Le ha puesto ya muchas multas la policía? ¿Por qué?
¿Le ha tenido que ayudar la policía alguna vez? ¿En qué?
¿Cuál fue la situación más desagradable que le pasó en un viaje al extranjero?

(Para poder contarlo mejor, pregúntele al profesor 3 ó 4 palabras que no sabe.)

7 Comprensión auditiva

1. *Comunicarse*

Cuente Vd. cómo era el camping, el hotel o la casa de sus amigos donde pasó un fin de semana o las últimas vacaciones.

Diga lo que había cerca y lo que se podía hacer, etc.

Diga por qué (no) se lo recomendaría a sus amigos, que tienen niños pequeños.

Diga por qué (no) volvería Vd. a ir al mismo sitio el año que viene.

Cuente un poco qué tipo de gente había allí, y si había un contacto agradable entre la gente.

Cuente por qué fue Vd. allí, quién se lo había recomendado o cómo lo encontró.

2. *Expresarse*

Hagan Vds. una lista de preguntas sobre un camping (o una pensión) en que estuvieron unos amigos suyos, para ver si a Vds. también les puede interesar. Luego, algunos del grupo contestarán las preguntas hablando de un camping (o de una pensión o de un hotel) que de verdad conocen.

8 Don Quijote

1. *Expresarse*

Explique lo que es el embajador de un país y lo que tiene que hacer.

¿Por qué cree que Alejo Carpentier llamó así a un personaje literario?

Don Quijote siempre está acompañado de otra figura, Sancho Panza. ¿Sabe algo de los dos?

¿Ha visto uno de los filmes o de los dibujos animados que se han hecho con el tema de Don Quijote?

¿Qué episodio recuerda?

9 Miguel de Cervantes

1. *Expresarse*

¿Podría Vd., como Cervantes, explicar cómo es Vd.?

¿O cómo es el amigo, el político, el cantante, el actor que más (o menos) le gusta?

B Zusammenfassung

Wichtige Ausdrucksmöglichkeiten:

Bedauern ausdrücken.

Von einer Voraussetzung sprechen und sagen, was dann wäre oder was man täte.
Mindestens/höchstens.
Ein Kaufgespräch (Kleidung) führen.

Es lástima que no vengas/que no hayas venido.
Si tuviera tiempo, ...
... te acompañaría.
como mínimo/como máximo
Me está estrecho/ancho. Es demasiado oscuro/claro.
Me quedo con él = lo compro.

C Übungen zur Wiederholung

1.

ser/estar

a. La pensión completa _____ muy barata.
b. La comida aquí _____ muy rica.
c. Allí no _____ posible tomar media pensión.
d. El precio _____ de 1.500 pesetas por persona.
e. En este precio _____ todo incluido.
f. Pedro ha estado tres semanas de vacaciones en la playa. ¡Mira qué moreno _____!
g. Huy, ya son las cinco de la tarde. No sabía que ya _____ tan tarde.
h. Mi máquina de afeitar (Rasierapparat) _____ rota.
i. He tenido un accidente. El coche _____ completamente estropeado.

2.

de/por

a. Quisiera cambiar este disco _____ otro.
b. Estoy _____ paso en esta ciudad, mañana tendré que ir a Sevilla.
c. Se me está acabando el dinero, _____ eso tengo que volver a casa.
d. Hay cosas que se compran aquí _____ mucho menos dinero que en otros sitios.
e. _____ todas partes hay gente muy simpática.
f. ¿Dónde has estado? Te hemos buscado _____ todas partes.

3.

Zur Wiederholung einiger Verben.

a. ¿Cuándo (seguir) _____ Vds. el viaje?

b. Para ir al museo, (seguir) _____ Vds. esta calle.
c. Si Vd. se queda más de quince días en la pensión, (pedir) _____ un precio especial.
d. Por favor, (repetir) _____ Vd. lo que ha dicho. No sé si le (entender) _____ bien.
e. Pepe se está riendo toda la tarde, pero ¿de qué (reírse) _____ ?
f. Oye, Paco, (cerrar) _____ la ventana, por favor.
g. (despertarme) _____ Vd. mañana a las siete y media, por favor.
h. (sentarse) _____ Vd. un momento.
i. (encender) _____ la luz, por favor.
j. ¿(entender) _____ Vd. lo que digo?

4.

Vd. entra en unos almacenes para comprar varias cosas.

a. – Fragen Sie einen Verkäufer, in welchem Stockwerk es Schuhe gibt.
   – En el quinto, señor/señora.
   – Fragen Sie, wo der Aufzug ist.

Después de mirar algunos zapatos, habla Vd. con la vendedora.

b. – Fragen Sie, ob sie diese Schuhe (die Sie in der Hand haben) in Ihrer Größe haben. Sie haben Nummer ...
   – Sí, señor/señora, ahora mismo se los traigo.
   – Sagen Sie, daß Sie sie probieren wollen. Sie passen Ihnen nicht richtig, sie sind Ihnen zu eng. Eine Nummer größer?

c. – Lo siento, pero no los tenemos más grandes. Pero le puedo enseñar otros modelos.
   – Sagen Sie ihr, sie solle sich keine Mühe machen. Ihnen hatte gerade dieses Modell gefallen ...
   – Pero tengo uno muy parecido, y lo tenemos en todos los números.
   – Na schön, sie soll sie Ihnen zeigen. Sie sind sehr schön und sie passen Ihnen sehr gut. Fragen Sie, ob Sie mit Euroscheck (eurocheque) bezahlen können. Fragen Sie, wo die Kasse (la caja) ist.

5.

Vuelva Vd. a leer el texto 5 de la Lección 23 antes de completar este texto.

a. Si no hubiese un programa interesante, no (ver) _____ la televisión a estas horas.
b. Si no me (interesar) _____ el problema de los emigrantes me iría a la cama.
c. Si no (presentar) _____ un amigo mío el programa, a lo mejor no lo vería.
d. Si no estuviera tan bien informado este chico no (poder) _____ hacer un programa así.
e. Si no (conocer) _____ tan bien el problema no podría presentarlo en la televisión.
f. Si no hubiera el problema del idioma, los hijos de los obreros españoles (tener) _____ menos dificultades en el colegio.
g. Si mi amigo no (hablar) _____ tan bien el alemán, no habría podido hacer todas las entrevistas.

6.

Combine Vd. En algunos casos, hay varias combinaciones posibles.

a. Me he hecho
b. Me han hecho
c. Voy a cambiar
d. Va a cambiar
e. Desde hace una hora
f. Hace una hora
g. Me voy a llevar
h. Le voy a llevar
i. Me da miedo
j. Me da igual

de tren.
el tiempo.
estoy esperando aquí.
daño.
llegó mi hermano.
lo que dice él.
esperar.
salir solo de noche.
flores.
dinero.
algo de comer.
a casa.

7.

Combine Vd. En algunos casos, hay varias combinaciones posibles.

a. ¿Qué pasa _____?
b. Lo hemos pasado
c. ¿Qué te vas a poner _____?
d. Me queda
e. Me quedo
f. ¿Has quedado _____?
g. Me tienen que sacar
h. Trataré
i. Para mí no se trata
j. Vale la pena
k. Probablemente volveré
l. Este ruido es para volverse

estupendamente bien.
hacer este viaje.
a verle.
de encontrar otra habitación.
en ir a buscarlos.
tres días en Madrid.
para salir a comer.
con sus amigos.
loco.
pasado mañana.
solamente de ganar más.
una muela.
con Teresa.
media hora antes de salir.

Lección 26   227

8.

¿Cuál es la solución correcta?

a. El otro día me preguntó un extranjero dónde (estaba/estaría/estuviera) en nuestro pueblo la policía.
b. Es que le (acababan/acabarían/acabaron) de robar en el coche.
c. Dijo que le (quitaban/han quitado/habían quitado) muchas cosas, prácticamente todo.
d. Dijo que (tendrán/tendrían/tuvieran) que volver en bañador a Francia.
e. Le pregunté si (tendría/tenía/tuviera) amigos por aquí. Me contestó diciendo que (han pasado/habían pasado/pasarán) quince días en el camping y que (conocen/conocían/han conocido) a alguien.

9.

Un español, compañero de trabajo, con quien Vd. siempre habla español, le pregunta qué le parece la nueva compañera alemana que trabaja con Vds. desde hace dos semanas.

a. Sagen Sie, daß man noch nicht viel sagen kann. Zwei Wochen sind eine kurze Zeit. Aber Sie haben das Gefühl, daß sich das Klima unter den Kollegen ein bißchen verändert hat, und das macht Ihnen Sorgen ...
b. An sich haben Sie nichts gegen sie. Sie arbeitet gut, ist sehr freundlich, es ist auch gar nichts Unangenehmes passiert. Vielleicht ist es nur, weil alle sich mit dem Mädchen, das früher diese Stelle hatte, so gut verstanden.
c. Na ja, man muß eben abwarten. Alle anderen kennen sich schon seit zwei oder drei Jahren, praktisch alle sind Freunde. Auch deshalb ist es für die Neue ein bißchen schwierig ...

10.

Le preguntan dónde está de momento su amiga Teresa. Dicen que es un asunto urgente (dringende Angelegenheit).

a. Sagen Sie, daß sie jetzt, um 7 Uhr, vermutlich nicht mehr im Büro ist. Sie wird wohl weggegangen sein. Was Sie nicht wissen, ist, wo sie heute abend sein wird. Das einzige, was Sie wissen, ist, daß sie bei Freunden eingeladen ist, so daß sie wohl spät nach Hause kommen wird.
b. Fragen Sie, worum es sich handelt. Vielleicht können Sie etwas für die Leute tun? Wenn es wirklich dringend ist, könnten Sie versuchen, einen anderen Freund anzurufen, der vielleicht weiß, mit wem Teresa für heute abend verabredet ist. Morgen wird es auch schwierig sein, sie zu treffen. Sonnabends geht sie meist sehr früh von zu Hause weg ...

Textos

Die «Textos» im Lehrbuch sollen nicht mehr systematisch Wortschatz, Grammatik und Gesprächssituationen einführen. Sie bieten zusätzlichen Lese- und Gesprächsstoff.

1 España y sus regiones naturales

Lea Vd. cada párrafo del texto y haga con muy pocas palabras un resumen o esquema:

Geografía
Clima
Economía

2 Una vendedora cántabra

¿Quién es María Luisa Gómez, qué hace?
¿Trabaja por necesidad?
¿Qué le gusta de su trabajo?
¿Cómo dice las cosas?
¿Qué cosas hay que ver en Santillana?

4 ¿De dónde vienen los gitanos?

vivían → 7.3
se fueron → 8.3

¿En qué piensa Vd. primero cuando oye hablar de gitanos?
¿Viven gitanos también en este país?
¿Cómo viven? ¿Qué hacen?
¿Hace el gobierno algo por ellos?

5 Sobre Latinoamérica

¿Cuáles son los idiomas más importantes de Latinoamérica?
¿En qué países se hablan?
¿Qué países comprende América Central (o Centroamérica)?
¿Cuáles son las islas más importantes de Centroamérica?
¿Qué dice el texto de los cultivos en América Central?
¿Y del clima?
¿Cuáles son los principales países de América del Sur (o Sudamérica)?
(¿Sabe Vd. el nombre de otros países que no se mencionan, por ejemplo, al este de Venezuela?)
¿Qué dice el texto de la naturaleza y la geografía de Sudamérica?

¿Dónde se concentra la población?
¿Son bastante parecidos los países sudamericanos?
¿Producen, más o menos, lo mismo?
¿Cuáles son los productos más importantes?
¿Tienen los campesinos los mismos animales que en Europa o Africa?
¿En qué país tiene especial importancia la pesca?
¿En qué países hay, sobre todo, petróleo, estaño, cobre, hierro?

6 La importancia de llamarse Rulfo

¿Cuántos libros se conocen de Juan Rulfo?
¿Qué tipo de persona era él?
¿Nos dice el texto en qué trabajaba de momento?
¿Le gustaba hablar de lo que estaba escribiendo?
¿Qué le interesaba más comprar estando en Estados Unidos?
¿Por qué quería comprarse un aparato de música?
¿Lo compró? (¿Por qué?/¿Por qué no?)
¿Le dijo un amigo suyo que tendría problemas?
¿Qué compró, al final, y para quién?
¿En qué volvió a México?
¿Cómo se sentía?
¿Hicieron abrir las maletas en la Aduana a sus compañeros?
¿Las suyas también?

7 Los «mojados»

estar formado por → 16.2
son detenidos → 16.6

¿Es el paro el mayor problema en este país, aquí?
¿Cuáles son los otros problemas más importantes que hay?
¿En qué profesiones hay gente en paro aquí?
¿Hay mucha gente que busca trabajo?
¿Hay mucha gente que pierde un empleo?
¿Sabe Vd. qué porcentaje de paro hay de momento?
¿Sabe Vd. qué país europeo está «a la cabeza» del paro?

8 El indio y la tierra

dar: dio → 8.2
fue perseguido → 16.2
si se hiciera → 11.3

¿Qué dice Elena de cuando era pequeña?
¿Dónde vivió de niña?
¿Qué dice de su padre?
¿Qué dice Miguel Angel Asturias de la llamada «educación del indio»?
¿Qué solución propone?

9 Preguntan de dónde soy

¿Qué posee el indio?
¿Quién le hace sufrir?
¿A qué le sabe la tierra?
¿Qué hay en la tierra, en el suelo?
¿Dice cuál es su patria?

10 Los monocultivos

ni siquiera → 33.1

¿Cuál ha sido, por lo menos durante mucho tiempo, una característica común de muchos países latinoamericanos?
¿Los productos de esos países son los mismos que los españoles encontraron allí?
¿Qué pasó en Cuba con los árboles preciosos que había?
¿Garantizó la producción de azúcar la libertad de Cuba?
¿Qué dijo José Martí, cubano, respecto a la política del comercio?
¿Qué productos importa este país?
¿De qué países los importa?
¿Qué productos españoles se importan?
¿Qué productos se exportan?
¿Cuáles son los principales productos de este país? ¿Y de esta región?
¿Cuáles son los productos típicos de aquí?

11 Las venas abiertas de América Latina

¿Qué dice Galeano de América Latina al principio del texto?
¿Qué dice de las funciones que tuvo América Latina?
¿Qué dice de las reservas que ofrecía a otros países?
¿Qué dice de las materias primas?

¿Crece la población en Europa con la misma rapidez que en otras partes del mundo?
¿En qué partes del mundo aumenta más la población?
¿Mueren aquí muchos niños?
¿De qué suelen morir niños en este país?
¿Sabe Vd. qué porcentaje de analfabetos hay en este país? ¿Qué cree?
¿Cómo explicaría Vd. lo que es un analfabeto?
¿Y un desocupado?
¿En qué ciudades está concentrada la riqueza en Europa?
¿En qué regiones de este país hay más fábricas?
¿Se necesita en las fábricas modernas cada vez más mano de obra?
¿Qué dice Galeano del derecho natural de cada niño?
¿Por qué cree Vd. que el título del libro es «Las venas abiertas de América Latina»?

Quellenverzeichnis

S. 24: © Quino/Quipos s.r.l.
S. 30: H. Kaubisch, Habach
S. 48: W. Halm, München
S. 78: © Ballesta
S. 90: © Ballesta
S. 92: W. Halm, München
S. 96: © Quino/Quipos s.r.l.
S. 98: Peter Scharnagl, München
S. 102: © Quino/Quipos s.r.l.
S. 127: © Quino/Quipos s.r.l.
S. 128: Peter Scharnagl, München
S. 134: Peter Scharnagl, München/Cover, Madrid/Max Häusler, Ismaning
S. 135: Michael Tschuschner, Gräfelfing (4×)/Foto Agentur España, R. A. Steiger, Germering (2×)
S. 144: Cambio 16, Madrid
S. 145: Instituto Nacional del Consumo
S. 147: © Quino/Quipos s.r.l.
S. 154: © Ballesta
S. 155: © Quino/Quipos s.r.l.
S. 157: Cover, Madrid
S. 163: © Ballesta
S. 167: © Quino/Quipos s.r.l.
S. 172: © Ballesta
S. 177: © Quino/Quipos s.r.l.
S. 185: © Quino/Quipos s.r.l.
S. 191: © Ballesta
S. 192: Cambio 16, Madrid
S. 196: © Quino/Quipos s.r.l.
S. 205: © Quino/Quipos s.r.l.
S. 206: W. Halm, München
S. 207: W. Halm, München
S. 212/213: © Quino/Quipos s.r.l.
S. 222: © Quino/Quipos s.r.l.